甘肃省教育科学"十四五"规划2022年度一般课题"新文⋯⋯才培养路径与策略研究"（编号：GS[2022]GHB1713）

新媒体运营理论与创新实践研究

杨志宏　著

北京出版集团
北京教育出版社

图书在版编目（CIP）数据

新媒体运营理论与创新实践研究 / 杨志宏著. -- 北
京：北京教育出版社, 2024.2
　ISBN 978-7-5704-6245-2

　Ⅰ. ①新… Ⅱ. ①杨… Ⅲ. ①传播媒介—运营管理—
研究 Ⅳ. ①G206.2

　中国国家版本馆CIP数据核字(2024)第025570号

新媒体运营理论与创新实践研究

杨志宏　著

*

北 京 出 版 集 团
北京教育出版社　出版
（北京北三环中路 6 号）
邮政编码：100120
网址：www.bph.com.cn
京版北教文化传媒股份有限公司总发行
全国各地书店经销
河北宝昌佳彩印刷有限公司印刷

*

710 mm×1 000 mm　16 开本　14.5 印张　200 千字
2024年2月第1版　2024年2月第1次印刷
ISBN　978-7-5704-6245-2
定价：78.00 元

前　言

　　新媒体的崛起和发展不只改变了信息流转的方式，也为个体和集体搭建了新的互动平台。在数字化时代，传统媒体单向的传播旋律已逐步让步于新媒体动感十足的双向交流乐章。这场变奏改变了信息的生产、处理、流通和接收的全过程。新媒体以技术的翅膀，飞越了社交网络、博客、微博乃至视频分享的天际，带来了信息传播的即时性、互动性和个性化。

　　内容营销成了新媒体运营战略的核心。品牌凭借充满魅力的内容，在社交媒体的广阔天地会聚起一群忠实的追随者。在数据的海洋中，市场分析和用户行为分析成了不可或缺的灯塔。通过对大数据的深度解读，品牌得以瞄准目标受众，优化广告的布局，从而提升品牌知名度。另外，新媒体增强了用户的参与感。用户生成内容与互动营销策略，让消费者从被动的信息接收者转变为内容共创者。这不仅让品牌与消费者的联系更紧密，也提升了品牌的信誉和影响力。伴随移动互联网的普及和算法技术的进步，个性化推荐成了新媒体平台的闪亮特色。新媒体平台依据用户的历史行为和偏好，智能地推送相关内容，极大地提升了用户的黏性和活跃度。

　　总体而言，新媒体运营不仅需要应用技术，进行数据分析，还需要深谙用户心理和市场脉搏。新媒体运营者需要不断地在创新的道路上探索，以适应瞬息万变的媒介环境和用户需求。新媒体的出现不只是技术的革命，也是传播方式的变革。新媒体运营者要拥有跨学科的知识，能灵活运用多样的工具和策略，以应对复杂的媒介生态和不断变化的用户需求。

本书《新媒体运营理论与创新实践研究》深入剖析了新媒体运营的策略、技术和创新实践，旨在探索如何高效利用新媒体，达到良好的交流效果和营销效果。本书不仅探讨了新媒体在当代社会的重要性和新媒体运营，也希望为新媒体运营领域的研究和实践提供一个全新的视角。

本书对新媒体的发展历程进行了介绍，还分析了新媒体在当代社会的关键作用；紧接着，梳理了新媒体运营的理论基础（包括传播理论、内容相关理论、受众理论），为研究构建了一个多元理论框架；探讨了新媒体平台的选择和应用，以及如何在不断变化的技术和市场环境中保持新媒体运营的灵活性和创新性。本书特别强调了新媒体内容的创作和用户参与的重要性，深入分析了如何在不同新媒体平台进行内容协同、数据整合，以及如何通过在线社区管理和用户互动来提高受众的参与度和受众对品牌的忠诚度。除此之外，本书还探讨了新媒体运营的法律法规和伦理问题，为新媒体从业者的合规运营提供指引。最后，本书对新媒体运营的未来发展进行了前瞻，探讨了技术创新、平台动态和市场变化可能给新媒体运营带来的影响。总的来说，本书不仅希望为新媒体运营领域的学术研究梳理理论基础，也希冀能为新媒体从业者提供实践指导和策略建议，为读者更深入地理解新媒体运营的复杂性和动态性尽绵薄之力。

笔者深感自己学识尚浅，见识有限。在新媒体这个技术先进、内容多样化、用户群体庞大、日新月异的领域里，笔者的探索仅是冰山一角。尽管笔者已竭尽全力去剖析和解读新媒体运营的主要方面，但仍不免有所疏漏。笔者的观点和分析肯定存在不足之处，因此笔者真诚地希望读者能够以开放的心态阅读本书，并邀请大家批判性地思考和讨论其中的内容。笔者衷心期待与更广泛的读者群体、同行和新媒体从业者共同交流，以便从不同视角和专业知识中汲取智慧，不断丰富自己的认知。笔者相信，这种持续的学习、交流和反思能够推动我们在新媒体运营领域获得更深入的理解和更大的进步。

感谢您的阅读，期待我们在新媒体的奇妙世界里不断探索和交流。

杨志宏

2023 年 5 月

目 录

导　　论

　　在 21 世纪的数字化浪潮中，新媒体的兴起不仅引领了信息传播的新纪元，也改变了人们的生活方式、商业模式和社会交流方式。Statista 2022 年的报告指出，全球新媒体用户已超过 45 亿，占世界总人口的近 60%。[1] 这一数字不仅反映了新媒体的普及率，也反映了新媒体在当代社会中的不可替代性。

　　随着移动设备和互联网的普及，信息获取和分享变得前所未有的便捷。皮尤研究中心的调查研究显示，超过 70% 的成年人通过社交媒体获取新闻，这反映了新媒体在日常信息流通中的主导地位。[2] 此外，新媒体还影响了人们的购物习惯、娱乐方式、社交行为，推动了远程工作和在线教育的普及。在商业领域，新媒体运营已成为企业不可或缺的一部分。新媒体不仅是品牌构建和营销的重要工具，也是企业与消费者互动的主要平台。一项报告显示，近 80% 的企业认为，社交媒体是企业营销策略的关键部分。[3] 新媒体平台为企业提供了前所未有的目标市场分析的便利和客户参与机会，使企业能够以更精准和个性化的方式推广产品和服务。因此，深入了解新媒体运营对企业和个人而言至关重要。新媒体运营不仅关系到企业的市场定位和品牌建设，还影响信息传播的效率和质量。在这个信息爆炸的时代，掌握新媒体运营的策略和技巧，不仅是商业竞争的需要，也是适应社会发展的必然要求。了解并有效利用新媒体，是

[1] Statista. Number of worldwide social network users 2021[EB/OL].[2023-11-21]. https://www.statista.com/statistics/278414/number-of-worldwide-social-network-users/.
[2] Pew Research Center. News use across social media platforms in 2020[R]. Washington, D. C.: Pew Research Center, 2021.
[3] Deloitte Insights. Digital media trends, 15th edition[EB/OL].[2023-11-21]. https://www2.deloitte.com/us/en/insights/industry/technology/digital-media-trends-consumption-habits-survey/summary-2021.html.

当代企业和个人实现成功的关键。①

第一节　新媒体的发展历程

　　新媒体作为 21 世纪初涌现的信息传播媒介新形态，与传统媒体（如报纸、广播和电视）有本质的区别。列夫·马诺维奇（Lev Manovich）在《新媒体的语言》中将新媒体定义为基于数字技术的媒体，强调新媒体数字化、互动性和网络化的特点。②与传统媒体相比，新媒体的内容更丰富，形式更灵活，传播速度更快，并且能实现双向或多向的互动、交流。此外，多媒体融合性是新媒体的一个重要特点。新媒体融合了文本、图像、声音、视频等多种媒介形式，为人们提供了更为丰富的信息表达方式和交流方式。

　　新媒体的快速发展得益于技术创新。人工智能（artificial intelligence, AI）和大数据在新媒体中的应用，促进了新媒体内容个性化和精准推荐。5G 技术的出现显著提高了数据传输速率，使高清视频流、虚拟现实（virtual reality, VR）和增强现实（augmented reality, AR）等高带宽应用成为可能。云计算提供了强大的数据存储和处理能力，支持大规模在线协作和信息共享。此外，移动互联网的兴起给新媒体带来了更广的触及范围和即时互动性。社交媒体算法的演变使新媒体内容推送更加精准，提升了用户参与度，提高了平台黏性。

---

① 　KAPLAN A M, HAENLEIN M. Users of the world, unite! The challenges and opportunities of social media[J/OL]. Business horizons, 2010, 53(1): 59–68[2023–11–21].https://www.docin.com/p-649242101.html.

② 　马诺维奇 . 新媒体的语言 [M]. 车琳，译 . 贵阳：贵州人民出版社，2020: 87.

　　新媒体的发展历程可以追溯至 20 世纪 90 年代互联网的商业化。早期互联网对新媒体的影响不容忽视。20 世纪 90 年代，互联网为新媒体的产生奠定了基础，包括最初的网页设计、搜索引擎的兴起等。最初的新媒体形式包括网页和电子邮件，随后社交媒体的出现开启了社交网络时代，改变了人们的交流方式。2010 年以后，智能手机和移动应用的普及使得新媒体内容获取和分享更加便捷，视频平台的崛起使得视频成为新媒体的主要内容呈现形式。到了 21 世纪 20 年代，新兴技术（如 5G、AI 和大数据技术）继续推动新媒体的发展，使新媒体内容变得更加个性化、更具互动性。社交媒体的多样化也是新媒体发展的一个重要方面。不同社交媒体平台（如抖音）满足了不同用户群体的需求，推动了社交媒体的发展。随着新媒体的兴起，传统媒体行业面临转型的挑战和机遇。报纸、电视等传统媒体开始逐步实现数字化转型，通过建立在线平台，实现与新媒体的融合。

第二节　新媒体在不同行业中的应用

一、新媒体在娱乐行业中的应用

　　随着新媒体技术的快速发展，娱乐行业经历了一场根本性的变革。尤其是社交媒体和流媒体服务的兴起，不仅彻底改变了人们的娱乐消费模式，还改变了娱乐内容的创作和分发方式。

　　社交媒体的影响在娱乐行业中表现尤为显著。以微博为例，该平台聚集了大量的活跃用户，使得用户能够直接与内容创作者互动，如通过评论、点赞和分享参与到节目的讨论中。这种直接的互动大大提高了用户的参与度，增强了用户的沉浸感。此外，社交媒体实现了内容分发的去中心化。尼尔森报告显示，超过 50% 的年轻观众通过社交平台发现新节目。[①] 这意味着独立创作者现在能够通过社交媒体直接与观众互动，推动了娱乐内容多样化和个性化增长。社交媒体上的影响者成为娱乐营销的重要组成部分。他们通过推荐电影、音乐和电视节目来影响粉丝的观看和听觉习惯，这种影响力营销已成为娱乐内容推广的新趋势。

流媒体服务同样对娱乐行业产生了深远的影响。腾讯视频等流媒体平台为用户提供了按需观看的选项。用户可以根据自己的时间和喜好选择观看内容。流媒体服务的这种灵活性是传统电视无法提供的。流媒体平台的另一个显著变化是原创内容的兴起。高质量的原创作品不仅吸引了大量观众，也改变了内容生产的格局，提升了原创内容的地位和价值。流媒体服务还推动了全球化内容的分发。

新媒体技术在娱乐行业的应用极大地丰富了消费者的观看体验，并为娱乐内容创作者提供了更广阔的平台和更多样化的传播途径。社交媒体和流媒体服务不仅改变了传统的观看习惯，还推动了娱乐内容的多样化和全球化传播。随着技术的进一步发展，新媒体将给娱乐行业带来更多的创新和机遇。

二、新媒体在教育行业中的应用

新媒体技术的快速发展已在教育行业中产生了显著影响，特别是在线教育和互动学习工具的兴起。新媒体技术不仅改变了传统的教学方式和学习方式，还为教育的个性化提供了前所未有的机会。

在线教育平台，如中国的慕课（MOOC）平台，为人们提供了数以千计的课程，覆盖从基础科学到高级技术的各个领域。这些平台使高质

---

① 尼尔森.尼尔森总听众报告：2020 年 8 月 [R/OL]. [2023-11-21]. https://www.nielsen.com/zh/insights/2020/the-nielsen-total-audience-report-august-2020/.

量的教育资源更加普及和易于获取。此外，通过数据分析和人工智能，这些在线平台能够为学习者提供个性化的学习路径和资源，满足不同学习者的需求。这种个性化学习体验意味着学习者可以根据自己的兴趣和学习速度选择和适应课程，这在传统教育模式中是难以实现的。在线教育的另一个关键优势是在线教育具有灵活性和便捷性。在线教育打破了时间和地点的限制，使得全职工作人员、偏远地区的学生甚至有特殊需求的学习者都可以根据自己的时间表和环境进行学习。

互动学习工具的创新也是新媒体在教育领域的重要贡献。增强现实技术和虚拟现实技术等被越来越多地应用于教育环境中。这些技术在模拟实验、历史场景再现等方面为学习者提供了沉浸式学习体验，使抽象概念变得生动易懂。

协作工具（如腾讯视频和钉钉）不仅用于在线授课，也促进了学生之间及师生间的协作和交流。这些工具为教师提供了更多样的教学方法，为学生创造了互动和协作的学习环境。实时评估和反馈是新媒体工具的重要特点。这些工具可以为教师和学生提供即时的学习评估和反馈，帮助教师更好地了解学生的学习进展并调整教学方法以适应学生的需要。

新媒体在教育领域的应用不仅提高了教育质量，还为教育者和学习者提供了更加个性化、灵活和互动的学习环境。随着技术的进一步发展，预计未来新媒体将给教育领域带来更多的机遇和挑战。新媒体的应用正在改变教育，为全球范围内的教育公平和教育质量提升铺平了道路。

三、新媒体在电商行业中的应用

随着新媒体的快速发展，电商行业经历了显著的变革，尤其体现在社交电商和直播带货的兴起上，不仅彻底改变了人们的购物习惯，也改变了企业的营销策略。

社交电商结合了社交网络和电子商务的功能，为购物增加了社交化和互动性的元素。小红书等社交电商平台已经证明了社交电商模式的有效性。例如，小红书通过用户生成的内容和推荐系统，为用户提供了基于信任和社群分享的购物环境。一项研究显示，超过 60% 的小红书用户表示，他们的购物决策受到平台上其他用户分享的影响。[①] 此外，社交电商平台通过分析用户行为数据和社交互动，为用户提供个性化的商品推荐，提高了购物的个性化程度和效率。

直播带货的模式通过增强互动性，改变了电商的面貌。直播带货允许消费者与卖家或品牌代表进行实时互动，增强了消费者购物的参与感和信任感。影响者和关键意见领袖（key opinion leader, KOL）在这一模式下发挥了关键作用，通过直播销售产品，将个人影响力转化为销售力。此外，直播带货不局限于销售，还结合了娱乐、教育等，为消费者提供了更丰富的购物体验。

新媒体在电商行业中的应用改变了人们的购物方式和电商营销策略。社交电商和直播带货作为新兴商业模式，不仅提高了购物的便捷性和效率，还加强了消费者与品牌之间的互动和联系。随着技术的不断进步和消费者习惯的变化，预计新媒体将给电商行业带来更多的创新机会。

第三节　新媒体运营的重要性

新媒体运营是指在互联网和数字技术环境下，利用新媒体工具（如社交媒体平台、博客、播客、视频平台等）进行内容创作、发布、管理和推广的一系列活动。这些活动旨在吸引和维持受众关注，提升品牌影

---

① 【报告】万物皆可「小红书」[R/OL]. [2023-11-21]. https://socialbeta.com/t/report-xiaohongshu-platform-2021-08-26.

响力，促进产品或服务的销售。

新媒体在当今商业中的核心作用不可忽视。DataReportal 发布的《数字 2022：全球概览报告》显示，全球社交媒体用户达到 46.2 亿，占全球总人口的近 60%。这一数据揭示了新媒体的普及程度，凸显社交媒体在市场营销和品牌传播中的重要性。

在新媒体的快速发展下，企业和个人必须通过创新策略适应不断变化的环境。抖音的兴起是新媒体领域的一次重大创新。抖音的短视频和 AI 个性化推荐引领了全新的内容消费方式。抖音不仅改变了内容生产和分发的传统模式，还为品牌提供了新的市场机遇。

预测新媒体的未来发展趋势对了解新媒体对社会和商业的长期影响至关重要。随着人工智能和机器学习技术的进步，未来的新媒体平台可能会为人们提供更加个性化和互动的体验。例如，基于用户行为和偏好的定制化内容推送将变得更加精准。此外，增强现实技术和虚拟现实技术的应用预示着新媒体将为人们提供沉浸式和互动的体验。例如，零售品牌可能利用增强现实技术在社交媒体上为人们提供虚拟试穿体验，进一步缩小线上与线下体验的差距。这些技术的发展将给新媒体运营带来新的挑战和机遇。

新媒体不仅改变了商业运营方式，也极大地影响了社会交流和信息传播。社交媒体平台（如微博和抖音）已成为人们获取信息的主要渠道。信息的快速传播和广泛覆盖对政治、经济和人们的日常生活产生了深远影响。人工智能技术、大数据技术和机器学习技术等的应用使得新媒体内容更加个性化，提高了用户参与度和满意度。这些技术使得企业能够精准地分析用户数据，从而制订更有效的市场营销策略。

新媒体运营是当代商业运营的关键组成部分。企业必须了解新媒体的战略重要性，通过创新策略来适应快速变化的环境，并关注技术发展给商业带来的新变化。通过有效利用新媒体，一些企业可以在竞争激烈的市场中脱颖而出。新媒体在当代社会中扮演着至关重要的角色。随着技术的不断进步，新媒体已经成为信息传播、商业交易乃至文化发展的核心驱动力。新媒体不仅改变了人们的生活方式，还对商业模式和市场策略产生了深远的影响。有效的新媒体运营已经成为一些企业和个人成功的关键因素。

新媒体运营的重要性不仅体现在新媒体广泛的应用领域上，也体现在新媒体的创新潜力和战略价值上。通过对不同行业新媒体运营的分析可知，无论是在娱乐、教育领域，还是在电商领域，新媒体都能为人们提供独特的交流方式和创新的商业解决方案。新媒体运营实践不仅促进了娱乐、教育、电商行业的发展，也为其他领域提供了可借鉴的经验和启示。

对新媒体运营的研究具有重要的意义。首先，能帮助人们预测和了解媒体和通信技术的发展趋势，为企业和其他组织提供战略规划指导；其次，能帮助内容创作者识别和满足受众的需求，使创作者通过创作有价值的内容和进行有效的交流进一步加强与受众的联系；最后，为人们提供观察和了解社会变化的窗口，使人们能够更好地适应并影响这个不断变化的世界。在未来，随着新技术的出现和应用，新媒体运营将面临新的挑战和机遇。企业和个人需要不断创新，适应新的媒体环境，以实现可持续发展。

第四节　本研究的框架

本研究第一部分：导论。这部分首先探讨技术进步如何推动新媒体的发展，并对新媒体在娱乐、教育和电商等行业中的应用进行深入分析，揭示这些领域中新媒体运营的特点和策略，然后分析新媒体运营在当代社会中的重要性。

第二部分：第一章、第二章。这部分分析新媒体运营的背景，介绍新媒体运营的理论基础：新媒体运营的传播理论、内容相关理论、受众相关理论。

第三部分：第三章、第四章、第五章。这部分专注于新媒体运营的实践探索，深入分析各种新媒体平台的选择和应用，分析国内各大新媒体平台的特点和定位，以及如何在不同平台间进行内容协同和数据整合，还探讨了新媒体运营策略。用户行为分析也是这部分的重点内容，包括用户行为的理论探索、用户数据收集与分析、用户行为的影响因素分析、用户对新媒体运营的影响分析等。

第四部分：第六章、第七章。这部分关注新媒体运营法律法规与伦理，分析新媒体运营法律法规和伦理的作用，介绍新媒体运营需要遵守的主要法律法规，分析新媒体运营可能面临的伦理挑战和问题；展望技术发展如何影响新媒体运营的未来，分析新媒体平台的未来发展趋势，探讨用户行为和市场变化对新媒体运营的长远影响，预测新媒体运营者在未来可能面临的挑战和机遇。

通过以上研究框架，本书能为读者提供新媒体运营全景图。无论是学者、实践者还是政策制定者，都能从中获得有价值的见解和建议，更好地了解和应用新媒体运营的策略和工具，以应对不断变化的媒体环境和市场挑战。

第一章　新媒体运营背景

这一章首先分析新媒体运营的大环境，着重分析在数字化时代背景下，多种媒体如何相互融合，形成全新的传播模式；接下来分析新媒体运营的小气候，聚焦如何在广阔的传播环境中细化传播策略，通过微观层面的传播影响和吸引目标受众。

第一节　新媒体运营的大环境：融合传播

在数字化日益成熟的时代，新媒体运营已成为联结品牌与消费者的关键桥梁。融合传播不仅是一种媒介策略，也是文化和技术的综合体现，跨越了传统媒体与新媒体的界限，创造了全新的交流方式。

一、人类社会传播的主要历史阶段

纵观人类社会传播史，不同历史时期的传播有不同的特点（图1-1）。

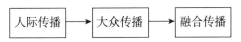

图1-1　人类社会传播的主要历史阶段

（一）人际传播阶段

人际传播一般是指人们相互之间面对面亲身传播，所以又称面对面传播、人对人传播。人际传播的实质是，人们经由符号而结成一种关系，如亲属关系、同事关系、朋友关系、爱人关系等，人际传播就属于这众多关系中的一种。

用威尔伯·施拉姆（Wilbur Schramm）等的话说，"两个人（或两个以上的人）由于一些他们共同感兴趣的信息符号聚集在一起"①就叫人际传播。通俗点儿说，人际传播是两个或两个以上的人之间借助语言和非语言符号互通信息、交流思想感情的活动。人际传播需要在相同、相通或相似的经验范围内进行，否则就会导致传而不通。

"前媒体时代"主要靠人际传播来传递信息。人际传播是一种典型的"点对点"的传播方式，是个体与个体之间的沟通，通过语言、非语言符号等实现信息的传递与沟通。人际传播具有自发性、隐私性、封闭性和双向性等特点，是一种自我表达和相互认知的活动。

要强调的一点是，即使在人际传播时代，大众传播也不是完全不存在，只是存在的范围较小。例如，极少数精英、统治阶层通过出版书籍、讲学、会议等形式传递信息，亦是大众传播的一种，只是局限在很小的范围内。

（二）大众传播阶段

随着社会的发展、科技的进步，人类进入大众传播时代。一般而言，传播理论界把德国古登堡在 15 世纪发明金属活字印刷术作为人类进入大众传播时代的标志。大众传播可以分为传统大众传播和当代大众传播。传统大众传播时代是指 19 世纪末到 20 世纪 60 年代，报纸、电台和电视相继出现，使得大规模生产和传播信息成为可能。在这个阶段，受众没有选择信息的机会和可能，被动接收同样的信息。20 世纪 70 年代初到90 年代末，随着传播技术的迅速发展，传播领域受众面临丰富的信息内容选择，媒介形态、媒介内容都发生了巨大变化。这一阶段是大众传播的鼎盛时期，即当代大众传播阶段。大众传媒的兴起是传统社会向现代社会转变的重要标志。报纸、杂志、广播、电视作为大众传播的重要载体，反映了人们的生活方式和思想变迁，是我国现代社会发展的记录和

---

① 施拉姆，波特. 传播学概论 [M]. 何道宽，译. 2 版. 北京：中国人民大学出版社，2010：110-112.

见证。同时，报刊、广播、电视这些传播媒体通过自身的文化传播影响人们的观念，是中国现代化进程的参与者。

"大众传播的特点是信息传递一点到多点，体现的是集体的、社会的、国家的意志。"①普通受众要想实现真正的媒介接近权和使用权比以往更难。在大众传播时代，信息传播以传者为中心，受者是被动的。例如，电视和广播互动性天然不足。

大众传播是一种典型的"点对面"的传播方式，是一种完全组织化、制度化的社会传播。它具有公开性、多向性以及传播对象的广泛性和不确定性等特点。与人际传播相比，大众传播的反馈总是比较迟缓、模糊、微弱。从人际传播到大众传播的发展是传媒的进步，也是社会的进步。

人类进入大众传播阶段后，人际传播没有因大众传播的普及而销声匿迹，在社会生活中同样存在，只是人际传播和大众传播犹如两条平行线，各有各的轨迹。大众传播的门槛很高，人际传播很难进入大众传播领域，对社会的影响有限。

（三）"合分一体"融合传播阶段

纵观媒介发展的历史，每一种新的媒体形态的出现从来都不会消灭旧的媒体，每一次技术革新带来的是媒介形态之间的进一步竞争与融合，并促使媒介生态空前繁荣，呈现出全新的媒介丛林风景。新媒体时代亦如此。网络媒体等新媒体的迅猛发展，带领人类进入"大众传播＋分众传播＋小众传播＋人际传播"的融合传播时代。新媒体的出现没有使人际传播与大众传播消失，反而扩大了人际传播与大众传播的范围，形成"四位一体"（大众传播＋分众传播＋小众传播＋人际传播）的融合传播。融合传播具有更加丰富的内容、更加多元的渠道。

新媒体的快速发展并没有对人际传播与大众传播进行简单的摧毁式

---

① 施拉姆，波特.传播学概论[M].何道宽，译.2版.北京：中国人民大学出版社，2010：110-112.

否定，人际传播与大众传播没有因此消失，而实现了高度融合，互依互存，相互作用，相互影响，相互渗透，构成"大众传播＋人际传播"的融合传播。传播过程发生重大改变，由过去以传者为中心变为受众积极主动，由单独的传播方式转变为大众传播、分众传播、小众传播、人际传播的融合，以"大众传播＋分众传播＋小众传播＋人际传播"的全面细化、全面融合和全面互动为主要特征。网络媒体等新媒体和报刊、电视、广播等传统媒体相融合。

在融合传播时代，人际传播、大众传播成为现代传播的基本属性，传播更加全面、细化，不同行业、地域的分众越来越多，传播的分众化特征明显。传播内容与对象细化、分化。小众化传播也有庞大的市场。大众传播、分众传播、小众传播与人际传播等各种不同的传播形态全面互动、互相影响、互相渗透，形成现代传播的独特景象。

二、融合传播对新媒体运营的影响

（一）新媒体技术丰富了新媒体运营的外部环境

网络传播兼具大众传播、人际传播、分众传播、小众传播的多重特点。手机等工具问世后，更加凸显融合传播的特征。网络媒体等新媒体具有双重特性，既是新的、更加强大的大众传播媒介，也是新的、更加强大的人际传播媒介。由于互联网的出现，分众传播、小众传播、人际传播都可以通过互联网轻易实现，甚至产生大众传播的效果，形成融合传播。

一方面，网络媒体等新媒体突破了大众传播时代大众化、非目标性、单向、区域传播的障碍，使现代传播实现双向和全球网络传播，新媒体传播广泛、交互功能强大、实现即时通信等特点使传播走向更大范围的大众，强化了大众传播的特征；另一方面，网络媒体等新媒体使传播更加个人化、目标化，强化了人际传播的特征。

网络传播具有明显的人际传播特性。Web2.0、Web3.0 技术的应用使广大受众不仅可以阅读网上的信息，也能轻松地驾驭信息内容制作者、消费者和传播者的身份。网络可轻松实现一对一交流。网络这个充满主动权和互动性的平台上具有其他分众传播媒介达不到的自主分众传播和数字化传播，基于网络的 QQ、微信等聊天工具都具有私人交流的性质。

网络传播可以轻松实现一对多传播、多对一传播及多对多的星状传播。网络给予了大众更多的选择，大众可以自主搜索信息，不受空间限制地分享、交流信息，大众传播的内涵被深度挖掘。传统的媒体消费者之"被动的信息接收者、目标对象"的角色被搜寻者、咨询者、浏览者、反馈者、对话者、交谈者等新角色取代。

小众传播可以借助网络形成大众传播。新媒体技术在一定程度上扩大了大众传播的范围，提高了大众传播的速度，大众传播能力空前加强。

在融合传播时代，借助网络、手机及卫星传输等，传播形态呈现综合化趋势，不同的传播手段实现大融合。

（二）新媒体技术促进了分众传播和小众传播

20 世纪 90 年代以来，我国传统大众传播媒体的分众化传播发展趋势明显，受众分化，受众信息需求多元化，各种大众传播媒体纷纷实施市场细分和分众化策略。阿尔温·托夫勒（Alvin Toffler）在著作《权利的转移》中指出，当代大众传播的发展趋势是"面向社会公众的信息传播渠道数量倍增，而新闻传播媒介的服务对象逐步从广泛的整体大众分化为各具特殊兴趣和利益的群体"。

分众传播具有明确的目的性，受众可以获得比较准确的信息，并可以主动掌握、控制信息。受众可以更多地参与到信息的生产和传播中，既是信息的接收者，又可能是信息的生产者和传播者。分众传播进行专业化市场细分，符合受众的不同需要。

随着经济、社会的发展，原来一元或二元的社会结构被打破，人们形成了越来越多元的价值观，整个社会呈现出多元化、异质化和去中心的特点。大众越来越难以找到共同关注的焦点和彼此沟通的话题，小众化传播便适时而生。

学者黄旦在其著作《新闻传播学》中将小众传播时代的特点归纳为"第一，内容更加专业化；第二，接收者更为自由主动，富有选择余地；第三，传播者必须更加关心和了解接收者的各种需要；第四，利用'电子报纸''电视报纸'等新型媒体进行传播的传、收双方，都必须具备较高的文化知识水平"。

小众传播不再追求受众数量的庞大，着眼于特定的受众群，内容细化，为受众提供符合口味的信息和服务。在小众传播时代，甚至会出现尼古拉斯·尼葛洛庞帝（Nicholas Negroponte）在《数字化生存》中所说的"我的日报"——"数字化的生活将改变新闻选择的经济模式，你不必再阅读别人心目中的新闻和别人认为值得占据版面的消息，你的兴趣将扮演更重要的角色"。小众传播中传者、受者之间互动频繁，传者与受者之间的鸿沟被填平了，人人都是传者，人人又都是受者。

（三）融合传播重塑新媒体运营生态体系

在融合传播时代，信息传播者与接收者的界限模糊，传播的反馈加强。每个传播参与者既给别人发送信息，也接收别人发来的信息，并随时反馈信息。信息传播呈现出双向或多向的人际传播特征。新媒体技术降低乃至将完全打破人际传播进入大众传播的门槛，推动大众传播与人际传播的互动和融合。

综上所述，大众传播的特点是信息传递一点到多点，体现集体的、社会的、国家的意志。分众传播的特点是信息传递多点对多点，体现的是尊重差异，尊重个性。小众传播具有更强的实用性、目的性、专业性，体现更强的个性，不仅仅是早期传播特点的回归，也被赋予了深刻的内涵、更丰富的内容。现代新闻传播事业之所以比传统新闻事业更发达，就是因为它能够通过大众传播、分众传播、小众传播和人际传播的融合，在第一时间为人们提供有关世界最新变化的信息，并且能够将这些信息在尽可能大的范围内传播，能够让人们快速而方便地接收这些信息。"大众传播＋分众传播＋小众传播＋人际传播"的融合传播生态，创造了新的传播类型，多种传播形态共生共存，这就是今天的媒体生态和传播环境。在这个媒体生态体系中，有之前大众传播时代所不具有的数量巨大的传播主体、更为分化的消费群体，有更为多元的传播渠道，最关键的是，有了更为智能的广告投放机制。

第二节　新媒体运营的小气候：微传播

随着数字化技术和互联网技术的升级换代，微博、微信、微电影、微小说等"微"产品将人们带入微时代。用户在以微博、微信、短视频平台为代表的新媒体上进行内容生产和消费时，更多的是进行微传播，传播碎片化内容。微传播的特点是内容生产、传播速度更快，传播的内容更碎片化。受众在单位时间内了解信息的量非常有限。信息生产者要在庞大的信息海洋中进行新媒体运营，快速吸引受众，就需要为受众提供冲击力大、可以在很短时间内激发受众阅读兴趣的内容。

一、微传播的定义

微时代具有信息源扁平化、信息碎片化和信息传播瞬时化三大特征。在微时代背景下，微内容传播过程和传播方式改变，互联网的发展给信息传播带来了变革和兴盛。分众传播理念普及，微博、微信、微电影等微信息聚合平台和微内容传播渠道日臻成熟，"受众时代"转变为"微众时代"。在微时代背景下，媒体内容的生产和传播方式也发生了变化：内容的生产不再是复杂、毫无头绪的；信息的传播不再是刻板、一成不变的。微时代的内容生产和传播将向连续、实时更新的方向发展。

尽管微传播的实际运用已经很广泛，但是关于"微传播"还没有统一的定义。英文"micro-communication"是用于网络电子通信技术中"微通信元系统构架"（micro-communication element system）研究的术语，没有当下"微传播"的意义。百度百科中"微传播"的定义有广义与狭义两种：广义的微传播是指以微博客、手机短信、彩信、飞信、QQ、户外显示屏、出租车呼叫台等为媒介的信息传播方式；狭义的微传播是以微博客为媒介的信息传播方式。以微博客为媒介的微传播是去中心化的裂变式多级传播模式，传播碎片化信息，实现自我表达、交往与社会认知。

与大众传播相比，微传播内容更精确，传播方式更简便，传播渠道更精细，传播对象更精准。微传播的本质是以数字技术为基础的口碑传播，最大的优点是可以直接面对消费者。

微传播的定义可以这样表述：微传播是用户以基于网络和数字通信技术的众多微型平台为信道，进行信息的多向、多级传播与分享，进而使得信息无限分裂而又不断聚合的新型传播方式。传播主体是用户，包含传者与受者、转发分享者与原创者等一切信息传播参与者；传播渠道是不断更新换代的各类微型信息交流服务平台，均可以接入移动客户端；传播内容是各类信息；传播、分享对象是确定的用户或不确定的用户；传播效果难以预测，不同的微传播用户的传播效果不同；传播的结果是人类信息产品在微传播空间中无限分裂与聚合，传统信息传播的"5W 模式"[谁 (who)、说什么 (what)、通过什么渠道 (in which channel)、对谁 (to whom) 说、取得什么效果 (with what effect)] 面临分裂与聚合的矛盾状态。

微信息、微社区、微媒体、微观点的发展正在逐步"大势所趋"化。"微"就是微传播的核心特征：传播的内容可以是微内容，如一段话、一张图片；传播的动作是微动作，如只需进行简单的几步按键操作就能完成信息上传、分享；传播的渠道是微介质，如智能手机、平板电脑等；传播的对象是微受众，如小范围、有针对性的受众等。

二、微传播的特征

微内容、微交互、微受众、巨大影响是微传播的四个主要特征。

（一）微内容

雅各布·尼尔森（Jakob Nielsen）是一位知名的可用性顾问，在1998年的一篇文章中最早定义了微内容。[①]他将微内容描述为短小的内容片段，如文章标题，这些内容需要对读者立即清晰并引人入胜，即使从原始上下文中抽离出来，也有意义。例如，搜索引擎结果页面上可能只显示文章标题和一小段内容，而不显示完整的文章。尼尔森强调，微内容应该是相关宏观内容的超短摘要。这一概念可以进一步细化为在新媒体环境下信息的简洁性与传播效率的关系。微内容在传播速度和受众接受度上具有显著优势，使得微传播在新媒体环境中成为流行的传播形式。

（二）微交互

电脑用户通过简单的电脑按键操作、鼠标点击，就可以完成信息的发布、浏览、转载、评论、投票等；手机用户只需要动动手指按操作键，就可以体验信息洪流，这比电脑操作更简单。微交互是新媒体运营中的一个核心概念，涉及用户通过简单操作（如按键、点击）参与信息传播的过程。这一过程强调的是信息传播的简洁性和便捷性。微交互在提升用户参与度和保持用户注意力方面具有重要作用。

（三）微受众

微传播的受众类别细分化，需求个性化，是小众型传播对象，在寻求信息方面显示出个性。微媒介使得受众的需求进一步固化和异化，从而造就了多变的、差异化的受众。在微传播时代，受众开始大胆讲述自

---

① NIELSEN J. Microcontent: how to write headlines, page titles, and subject lines[EB/OL].[2023-11-21]. https://www.nngroup.com/articles/microcontent-how-to-write-headlines-page-titles-and-subject-lines/.

己的故事，形成了一股全民写作、自下而上的民间力量，这种力量对未来传播模式的进一步创新有至关重要的作用。"微受众"概念体现了新媒体时代受众的细分化和个性化需求。这一概念揭示了新媒体环境下受众群体更加多样化和专注于特定兴趣，强调了新媒体对个性化内容传播的重要性。

（四）巨大影响

微传播有巨大影响。在微传播时代，人们越来越关注个体的微观世界。微传播符合新媒体的个性化传播特色，可一对一传播信息；微传播内容短小精悍且主题明确，符合人们快节奏的阅读习惯；传播媒介时尚、精巧、多功能化，小媒介、小渠道却有强大的传播效果；传播对象有个性、自由、公开传播的欲望，期望能在信息传播的过程中向社会展示自我并得到他人的尊重及欣赏。虽然微传播概念强调的是传播内容的简洁和个体性，但微传播的影响力可以是巨大的。即便是很简短、个体化的内容也能产生广泛的社会影响。这一现象在社会网络分析和新媒体影响力研究中得到了广泛的讨论和验证。

三、微传播建构新媒体运营小气候

微传播速度快、方便，人人可参与，门槛低，进入与退出简单、自由，给予参与者的快感、成就感强烈，也为知识信息的传播提供了强大的动力，吸引了众多的专业传播者与非专业传播者的参与。大数据技术、搜索引擎、媒介、爬虫技术等使微传播世界中零散的、碎片的知识信息得以聚合，为人们有效利用信息提供了极大方便。例如，新浪微博通过微博接口、话题接口、评论接口、用户接口、账号接口、收藏接口、搜索接口、推荐接口、提醒接口等十多个接口，可以基本掌握各种分散的信息，从而达到信息聚合分析的目标，最终实现信息数据分散与聚合的互补；又如，运用 RSS（really simple syndication 或 rich site summary），更容易使微传播空间的碎片内容实现聚合。

　　在技术层面上，传统媒体与新媒体融合后，各种微传播方式均可以实现大聚合。"微信矩阵+微博矩阵+App矩阵+微站矩阵"的新模式将是一种改变传统模式的移动新媒体融合模式，各个矩阵之间都能进行用户转换，这将扩大媒体覆盖范围。随着微传播服务新平台的研发、增多，这种矩阵相叠加的模式还会不断扩充。

　　在微传播环境中，新闻信息、文化的传播一方面不断地微化为碎片，另一方面不断地整合为网络大数据，微传播与大传播双向发展，微传播越发达，大数据传播越壮大，大数据传播越强大，微传播则越繁荣，形成了双向背反而又互补的巨大传播场域，极富张力。这种背反与互补具体呈现为背离与依附、分散与聚合、大众化与小众化、碎片化与整体化、大数据与小数据、专业传播与非专业传播、自创分享与转发分享、个体化与群体化等并存、交叉、混杂的状态，极大地影响了人们的思想、行为与生活方式。微传播形成的小气候正在深刻地改变着新媒体运营的微观生态环境。

第二章　新媒体运营理论

　　新媒体运营领域的理论资源非常丰富。这些理论可以根据主要焦点和应用范围划分为不同的类别。首先，传播理论为人们提供了了解和分析媒体影响力的基础框架。其次，内容相关理论专注于有效地生成和优化数字内容，以吸引和维持观众的注意力。最后，受众理论探讨了受众如何在数字平台上进行互动、形成社群，以及这些互动对品牌建设和信息传播的影响。这些理论共同构成了新媒体运营的复杂和多元化的学术基础。

第一节　新媒体运营的传播理论

　　新媒体运营本质上是一种追求传播效果的实践活动，因而有必要对传播学中的经典传播理论进行梳理。新媒体运营对传统新闻理论、传播理论表现出扬弃，有肯定，有否定，有继承，有发扬，或对传统理论有所突破，或推动新闻理论深化、拓展，或在一定意义上使传统理论失效。

一、"把关人"理论

　　"把关人"理论（gatekeeper theory）在传播学中是一种重要理论，主要描述了在新闻信息传播过程中某些个体或团体控制信息流向公众的过程。这个理论最初是在 20 世纪中叶由社会心理学家库尔特·勒温（Kurt Lewin）提出的，后来被广泛应用于新闻学和传播学领域。在这个理论中，把关人指的是那些在信息传播链条中有能力决定哪些信息可以传播、哪些信息不能传播的人，通常包括编辑、记者、新闻主管等。把关人在进行信息筛选时会受到个人偏好、社会规范、组织目标等因素的影响。把关实际上是一个过滤过程，决定了哪些信息被发布，哪些信息被忽略或删除。

最初，"把关人"理论更多关注个人把关人的作用。随着时间的推移，这一理论被扩展到机构层面，如新闻机构、出版社等。互联网和新媒体的兴起给"把关人"理论带来了挑战。每个人都可以成为信息的发布者，这改变了传统的信息控制和分发机制。在新媒体环境下，把关人角色变得更加多元化和去中心化。博客作者、社交媒体用户、搜索引擎和社交媒体平台的算法在一定程度上扮演把关人的角色。由于信息发布者增多，保证信息的准确性和可靠性成为一大挑战。

学者吴飞认为，互联网的兴起使每个人都可以成为信息发布者，打破了传统媒体对信息发布的垄断，使传统的"把关人"已"无关可把"。[①] 网络使人们成为"信息人"。人们在发布信息、获取信息方面获得了前所未有的自由。然而网络也使网民处于一种迷茫的境地：在浩如烟海的网上信息里，"我该相信哪些"？

潘慧芳认为，沉默的螺旋理论在网络环境下开始失效。[②] 在网络传播环境中，人们的交往空间变大，有了更多的选择，在沉默的螺旋中起重要作用的从众心理会因此有所改变。依据沉默的螺旋理论对网络舆论进行引导的效果将大打折扣。

有研究者称，网上信息传播的自由颠覆了传统意义上的媒体功能，也引发了人们对网络媒体能否继续发挥舆论引导作用的疑虑。[③] 笔者以为，新媒体作为媒体的一种形式，具备新闻媒介所拥有的功能，应该可以进行舆论引导。在舆论引导的过程中，当然要重新讨论把关人的作用。

世界上只要存在媒体，存在社会责任，就存在把关人。在新媒体条件下，传统的大众传媒正在利用新媒体传播信息，把关人仍然存在，而且更加重要，把关难度更大。新媒体并没有使"把关人"理论失效，只

---

① 吴飞. 新媒体时代更需要"把关人"[J]. 中国记者，2016（11）：7.

② 潘慧芳. 浅析网络舆论的监督与引导[J]. 消费导刊，2008（11）：151.

③ 李琼瑶. 网络舆论的现状及引导[J]. 湖南行政学院学报，2006（2）：79-80.

是对该理论提出了新问题、新要求和新挑战。在新媒体条件下，把关和把关人出现了一些新特点、新要求：

第一，传统媒体把关的范围比以往有所缩小，把关的尺度比以往更宽，把关的效果比以往更加难以预料。

第二，随着新媒体的崛起，把关人出现了多元化、区域化、行业化、个性化、自由化、互动化等发展趋势。把关人既有专业的记者、编辑，也有网络编辑和网民，这些人都是新媒体把关人，扮演着信息传播者和接收者的双重角色。

第三，随着博客、微博的迅速发展和社区网站的大量涌现，把关人呈现全民化趋势、泛化趋势。传统大众媒体的把关人处于信息传播链条的第一环节，掌握着信息的发布、传播权，而新媒体打破了这种局面。新媒体时代把关人概念出现泛化，把关人的把关功能减弱并实现转化。

另外，新媒体把关人的多元化以及他们所代表利益的不同使得把关的标准较传统媒体有很大的变化。传统媒体要把握信息传播的新闻价值与社会价值，特别要考虑到政治、法律、社会、文化等因素。新媒体则在一定的程度上弱化了政治因素的影响力，经济因素的影响力加强，经济因素成为主导因素。新媒体运营者需要重新探讨"把关人"理论与新媒体舆论的契合点，将"把关人"理论深化、拓展。

二、议程设置理论

唐纳德·肖（Donald Lewis Shaw）和麦克斯韦尔·麦库姆斯（Maxwell Mccombs）这样论述议程设置："大众传媒的影响力——它所具有的构建公众思想和引发他们的认知变化的能力——就是大众传播的议程设置功能。大众传播最为重要的功能恐怕就在于此——为我们安排和组织了脑海中的现实世界。简而言之，大众传媒并不能告诉我们应当思考什么；但在告诉我们应该对哪些事务进行思考上，大众传媒取得了令人惊异的成功。"①

新媒体运营对议程设置理论进行拓展，表现出如下特点：

（一）议程设置理论依然适用于新媒体运营

新媒体的特点决定了新媒体具有议程设置的功能。①在网络里，某些信息的传播非常迅速。议程设置理论认为，人们对某些议题的关注程度主要取决于这些议题被报道的频率和强度。网络传播可以轻易地做到提高对某些事件的报道频率和强度。②在网络中，大众传播和人际传播交织。在议程设置方面，人际传播对大众传播是一种有力的补充。③利用互动工具，报道对象与受众可以建立直接联系，因此当事人的影响会更直接地传递给受众，这对提高一个事件的受关注程度是非常有利的。在一定意义上，议程设置在网络信息传播中依然存在。

（二）新旧媒体联手整合议程设置

传统媒体和新媒体联手，对议程设置进行整合。传统媒体赋予新媒体信息权威性，新媒体使传统媒体信息更加符合民意。网络媒体与传统媒体可以"互设议程"：网络媒体凭借技术上的优势，如网络的超链接功能、信息整合能力以及海量存储特性，对传统媒体进行信息反哺，帮助传统媒体尽可能全面地探寻新闻背景；报刊、电视等传统媒体越来越多地利用网络信息，获取丰富的新闻源和新闻话题。

（三）主动发起议程设置，进行新媒体运营

新媒体为人们提供了"人人都可以放大自己的声音"的可能，由此形成的社会影响力巨大，引起社会各界的广泛关注，激发不同层次人群的广泛讨论，设置出新的社会议程，进而设置传统媒体的议程，主导社会舆论方向。传统意义上的议程设置变得艰难，新媒体运营者有能力、有条件时，可主动发起议程设置。

---

① SHAW D L, MCCOMBS M E. The emergence of American political issues: the agenda-setting function of the press[M]. St. Paul: West Pub. Co, 1977: 91.

三、媒介社会责任理论

媒介社会责任理论是源于美国社会研究的理论，最早由以罗伯特·梅纳德·哈钦斯（Robert Maynard Hutchins）为主席的新闻自由委员会在 1947 年出版的《一个自由而负责的新闻界》报告中提出。该报告提出了媒介在社会中主要有 5 个功能，分别是日常事件的报道与意义赋予功能、交流与批评功能、意见与态度传递功能、社会价值观呈现功能、传递新闻界思想功能。在随后的系列研究中，媒介社会责任理论的内容有了发展，增加了媒介机构必须对社会承担责任和义务、信息应该真实和公正、公众具有知情权、媒介应维护社会稳定和公共利益、媒介应履行社会公共文化服务职责等观点。

在中国，主流的观点认为，媒体既是政府喉舌，又是人民喉舌。不少研究者认为，社会责任理论强调媒体的社会责任，媒体要对社会和公众负责。[①] 新媒体运营本质上是一种媒体活动，必然要承担起媒介应当承担的社会责任。

四、媒介平台理论

传统媒体运营以内容生产和广告售卖为主。传统媒体运营的重点在于渠道，盈利模式为受众注意力的二次售卖，即纯粹面向广告主销售媒体占据的受众注意力资源。新兴媒体的盈利模式主要是平台经济模式，即向用户提供内容服务，在满足用户需求的同时，提升用户对平台的使用黏度，进而实现基于平台的用户聚集。例如，今日头条的主要功能有两种：一是内容聚合，把传统媒体以及门户网站的页面内容抓取、汇聚并重新分类排列；二是内容分发，即通过数据分析为用户提供个性化内容推荐。

---

① 严晓青. 媒介社会责任研究：现状、困境与展望 [J]. 当代传播，2010（2）：38-41.

媒介平台理论的重要观点是媒介除了提供更加高效的内容生产和内容分发服务外，还向广告主、开发者、各种外部机构提供更多触及用户的服务（相当于传统媒体的广告代理服务）。比如，微信不仅具备社交通信的功能，还接入了许多第三方应用，为用户提供服务，如滴滴打车、美团外卖、京东购物等。

媒介平台是指通过某一空间的资源聚合和关系转换为传媒经济提供服务，从而实现传媒产业价值的媒介组织形态。相比于传统媒体，媒介平台的组织形态和功能更加多样化，扮演的是综合服务提供商的角色，资源聚集、响应需求、创造价值是媒介平台的三大功能。

管理学中与媒介平台理论类似的理论为双面市场理论。双面市场也叫双边网络、双边市场，是一种中介经济平台，具有两个以上不同的用户群体，通过启用两个不同类型的客户直接交互来创造价值。双面市场具有规模效应和赢家通吃的特点。[①]

五、信息扩散理论

信息扩散理论专注于研究信息如何在个体或群体之间传播，探究了信息传播的机制、动力和影响因素，特别是在快速变化的新媒体环境中。该理论源于传统的社会学和传播学研究，后来随着互联网和新媒体技术的发展，应用范围显著扩大。

信息扩散理论不是指具体的某个理论，而是将信息流动作为理论目标的一类理论。这类理论主要有二级传播理论、创新扩散理论和网络理论等。

（一）二级传播理论

二级传播模型（two-step flow model）是由保罗·拉扎斯菲尔德（Paul

---

① 曲振涛，周正，周方召.网络外部性下的电子商务平台竞争与规制：基于双边市场理论的研究 [J].中国工业经济，2010（4）：120-129.

Lazarsfeld）和他的同事在20世纪中期提出的。这一模型对信息传播的传统理解提出了重要挑战。在此模型中，信息的传播不是一个简单的、直接从媒体到大众的过程，而是一个复杂的两阶段流程。二级传播模型的核心在于"两步流"（two-step flow）。在这个过程中，信息首先被媒体传递给意见领袖，然后由这些意见领袖进一步传播给更广泛的大众。意见领袖是社会网络中具有较高影响力的个体，通常对特定领域有较深的了解，并且能够影响他人的观点和行为。在二级传播模型中，意见领袖扮演了极其关键的角色。他们不仅仅是信息的传播者，更是信息的过滤者和解释者。他们的影响力源于他们的专业知识、社会地位或者与他人的密切联系。他们在信息传播过程中可能会对信息进行筛选、加工和解释，从而影响接收者对信息的理解和反应。

二级传播模型最初是在研究选举过程和政治传播中提出的。拉扎斯菲尔德（Paul Lazarsfeld）的团队通过研究发现，在政治信息的传播中，意见领袖起到了比媒体直接影响更重要的作用。这一发现颠覆了之前关于媒体直接影响大众观念的假设。二级传播模型对后来的传播研究产生了深远的影响。它不仅改变了人们对媒体传播影响的看法，也为后续关于社会网络、影响力营销和口碑传播的研究提供了理论基础。在新媒体时代，这一模型仍然适用，尤其是在社交媒体和网络社区中，意见领袖和关键影响者在信息扩散中发挥着至关重要的作用。

在新媒体运营中，了解和利用二级传播模型非常重要。新媒体运营者需要识别和建立与意见领袖的联系，以利用他们的影响力来有效传播品牌信息。同时，了解意见领袖如何影响他们的追随者，以及如何通过他们来影响公众的态度和行为，对于制订有效的传播策略至关重要。

（二）创新扩散理论

创新扩散理论（diffusion of innovations theory）由社会学家埃弗雷特·罗杰斯（Everett Rogers）在其1962年出版的著作《创新的扩散》（*Diffusion of Innovations*）中详细阐述，是一种用于解释和预测新观念、新思想、产品或实践在特定社会系统中的传播过程的理论。罗杰斯指出，影响创新扩散速度的关键因素之一是创新本身的特性。这些特性包括相对优势（创新相对于旧方式的优越性）、兼容性（创新与潜在采纳者的现有价值观、过去经验和需求的一致性）、复杂性（创新的易理解性）、可试验性（创新可以小规模尝试）和可观察性（创新的效果可被他人观察到）。①

创新扩散理论中的传播通道是指创新从一个个体或群体传播到另一个个体或群体的媒介。这些通道可以是个人的交流（如面对面对话），也可以是非个人的（如广播媒体或社交媒体）。有效的传播通道可以加速创新的扩散。社会系统指的是一组相互作用的个体，他们共同解决问题或追求特定目标。社会系统的规范、结构和文化背景影响创新的扩散速度和过程。

时间在创新扩散理论中扮演关键角色，涉及创新被采纳的时间以及在特定社会系统中创新扩散的速度。罗杰斯还探讨了创新采纳者的类别，创新采纳者包括创新者、早期采纳者、早期多数派、晚期多数派和落后者。

在新媒体运营中，创新扩散理论提供了一种框架，用于理解和加速新产品或理念在数字空间中的传播。例如，新媒体运营者可以通过强调产品的相对优势和兼容性来吸引早期采纳者，将社交媒体和其他数字平台作为传播通道，考虑目标社会系统的特点，制订传播策略。

（三）网络理论

网络理论在信息扩散领域占有举足轻重的地位，尤其是在数字时代背景下。这一理论关注如何理解和分析信息在各类网络中的传播机制，特别是网络结构如何影响信息的流动和扩散速度。在这一理论领域中，

---

① 罗杰斯. 创新的扩散 [M]. 唐兴通，郑常青，张延臣，译. 5 版. 北京：电子工业出版社，2016：10.

艾伯特－拉斯洛·巴拉巴西（Albert-László Barabási）等的研究对理解现代信息传播具有重要意义。

网络理论的核心在于探究不同的网络结构如何影响信息的传播。网络由节点（个体、组织或设备）和连接这些节点的边（关系或交流）构成。信息在这些节点和边之间流动。巴拉巴西等的研究强调了"无尺度网络"（scale-free network）的概念。[①]在这种网络中，某些节点（称为"枢纽"）拥有远多于其他节点的连接。这种网络的特点是节点连接的分布是不均匀的，遵循幂律分布，而非普通网络中的泊松分布。在无尺度网络中，枢纽节点因其大量的连接而成为信息传播的关键点。这些节点的存在显著提高了网络的连通性，使得信息可以迅速从一个节点传播到整个网络。这类网络同时表现出鲁棒性和脆弱性的特点。对于随机攻击，由于枢纽节点的数量少，网络能够保持较高的稳定性；但面对有针对性的攻击（如针对枢纽节点的攻击），网络则可能迅速瘫痪。

在新媒体运营中，了解和利用网络理论，特别是无尺度网络的特性，对于制订有效的信息传播策略至关重要。在社交媒体和其他在线平台中，识别出那些作为信息枢纽的关键影响者或组织，可以帮助信息迅速扩散。这些节点通常是意见领袖、行业专家或大型社交媒体账户。新媒体运营者可以通过分析网络结构来优化信息传播策略。例如，新媒体运营者可以分析特定社群或平台的网络特性，以及如何通过这些网络中的关键节点有效传播内容。了解无尺度网络的脆弱性对应对潜在的危机也很重要。例如，在面对不利信息或虚假信息的传播时，明智的做法可能是直接针对那些枢纽节点进行反驳或澄清。

在新媒体运营中，识别并有效利用意见领袖或关键影响者至关重要。这些个体通常在社交网络中拥有较高的影响力和可见度，能够显著加速

---

① BARABÁSI A L, BONABEAU E. Scale-free networks[J]. Scientific American, 2003, 288（5）: 60-69.

信息的扩散。新媒体运营者需要利用各种数据分析工具和社交媒体指标来识别这些关键个体，并通过他们来推广品牌信息或产品。

信息的扩散不仅取决于传播渠道，还与内容的吸引力和传播价值密切相关。新媒体运营者需要创作有趣、有价值且易于分享的内容，以提高内容在新媒体平台上的传播效率。例如，新媒体运营者可利用故事、视觉元素和互动性强的内容来吸引受众。在新媒体环境中，了解社交网络的结构对信息扩散至关重要。新媒体运营者应了解网络中的连接模式、节点重要性以及信息流动的路径。这些信息有助于制订更有效的传播策略，例如，针对特定的社交网络群体或利用网络中的关键节点来优化信息传播。

总体来说，信息扩散理论为新媒体运营者提供了一个全面且复杂的理解新媒体运营的框架。它揭示了信息传播的不同维度，如个体的角色、社交网络结构以及内容特性的影响。通过深入了解这些因素，新媒体运营者能够更有效地设计和实施传播策略，从而在竞争激烈的数字媒体环境中产生更大的影响力并实现成功。在数字化和经济全球化不断推进的今天，信息扩散理论为新媒体运营者提供了宝贵的指导，帮助他们在快速变化的媒体环境中保持领先。

六、传播生态理论

传播生态理论（communication ecology theory），是一个涉及多个学科的理论框架，旨在分析和理解信息在复杂的社会和技术环境中的流动和影响。这一理论由詹姆斯·W. 凯瑞（James W. Carey）在其 1989 年的著作《作为文化的传播："媒介与社会"论文集》中提出，并随着数字时代的发展而不断发展。

传播生态理论强调不同媒体形态之间的相互作用和影响。在传播生态系统中，传统媒体（如电视、广播）与新媒体（如网络媒体）相互交织，共同影响信息的产生、分布和消费。这一理论认为，媒体与文化和社会结构紧密联系。传播行为和媒介使用是受社会习俗、文化价值观和社会组织结构影响和制约的。这意味着传播活动不仅是信息交换的过程，也是文化意义和社会关系构建的过程。传播生态理论还探讨信息在不同媒体和社会群体之间的流动方式，以及这种流动如何影响社会意义的构建和变迁。信息流动不仅受技术因素的影响，还受到文化、政治和经济等因素的制约。

在新媒体运营中，传播生态理论强调了在不同平台上制订互补和协调的内容策略的重要性。新媒体运营者需要考虑如何在不同媒体形态中有效地传递一致的信息，并考虑到每个平台的特性和受众群体。传播生态理论也强调了受众参与和社会互动的重要性。在新媒体环境中，受众不再是被动的信息接收者，而是内容创作和传播的主动参与者。新媒体运营者需要利用受众的这一特点，通过互动和参与来加强与受众的联系。了解和适应不同文化和社会结构对媒体使用的影响，对于新媒体运营至关重要。新媒体运营者不仅要关注技术和内容，还要深入了解不同受众群体的文化背景和社交习惯。

总体而言，传播生态理论为新媒体运营者提供了一种全面的视角，能帮助新媒体运营者了解和适应复杂的媒体环境。这一理论认为，媒体不仅是技术工具，也是文化和社会关系的载体。通过了解和运用这一理论，新媒体运营者可以更有效地制订和实施他们的传播策略，从而在复杂和多样化的媒体环境中取得成功。在数字化和经济全球化的背景下，传播生态理论为新媒体运营者提供了了解媒体动态、制订内容策略以及与受众互动的重要指导。

第二节 新媒体运营的内容相关理论

内容创作是新媒体运营的重要工作，与之相关的学术理论涉及多个学术领域，如传播学、叙事学、心理学、社会学和管理学等。这些理论为人们理解新媒体环境下的内容创作提供了坚实的理论基础。以下是一些关键的学术理论：

一、叙事理论

叙事理论或称为叙述学（narratology），探讨了故事是如何被构建和讲述的，以及这些故事是如何影响受众的。在新媒体环境中，故事讲述是吸引和保持受众注意力的重要手段。叙事理论源于文学理论和语言学，广泛应用于传播学、心理学和社会学等领域。叙事理论的核心观点是，叙事是一种组织和解释信息的基本人类策略，不仅是文学和艺术作品的基础，也是人类经验和知识传递的重要方式。[①]

叙事理论强调故事和叙述的区分。故事指的是事件和行为者的序列，叙述是这些事件和行为者被呈现和组织的方式。[②]这种区分揭示了同一故事可以通过不同叙述方式呈现出多样化的面貌。在新媒体运营领域，叙事理论的应用十分广泛。新媒体叙事往往不是单向传播，而是一个多维度、互动性强的过程。这种互动性强化了受众在叙事中的作用，使得叙

---

① 巴尔.叙述学：叙事理论导论[M].谭君强，译.北京：北京师范大学出版社,2015: 6.
② 热奈特.叙事话语 新叙事话语[M].王文融，译.北京：中国社会科学出版社，1990：8.

事成为一种协作的活动。此外，数字媒体环境下的叙事特征还包括跨媒介性和模块性。跨媒介叙事指的是故事跨越多个媒介平台呈现。模块性是指故事可以被分解成可独立消费的小部分，这增强了叙事的灵活性，提高了受众的参与度。

叙事理论在新媒体运营中的应用不仅体现在内容创作上，还体现在通过故事讲述来激发和维持受众的兴趣、利用新媒体的特性来进行具有互动性和参与性的叙事上。

二、跨媒体融合理论

跨媒体融合理论是一种在当代媒体研究领域越来越重要的理论。这一理论最早由传播学者亨利·詹金斯（Henry Jenkins）在其 2006 年的著作《融合文化：新旧媒体的碰撞》中提出，在后续的研究中不断发展。

跨媒体融合的核心在于认识到在数字时代，媒体的边界正在变得模糊。这种融合不仅仅是指不同媒介技术的物理结合，更重要的是内容、叙事方式以及受众参与方式的融合。詹金斯强调，受众在利用多种媒介资源构建个人信息空间的同时，参与内容创作和社交互动。① 跨媒体融合的一个关键实践是跨媒体叙事。跨媒体叙事是指一个故事或品牌经验通过电影、电视、书籍、游戏、社交媒体等多个媒介渠道进行扩展和深化。每个媒介都为人们提供独特而有价值的内容，共同构成一个复杂和立体的叙事世界。

跨媒体融合理论的应用意味着新媒体运营者需要制订内容在多个平台上共存且相互补充的策略。这种策略不仅能增加品牌故事的深度和广度，还能为用户提供丰富的体验，并促进受众的更深层次参与和互动。例如，一个品牌可能通过视频、博客、社交媒体帖子和在线活动来讲述

---

① JENKINS H. Convergence culture: where old and new media collide[M]. New York: NYU Press, 2008: 97.

一个连贯的故事，每个媒体平台都为叙事提供独特的角度。

跨媒体融合给新媒体运营带来了既具挑战性又充满机遇的环境。一方面，新媒体运营者需要了解各种媒介的特点和受众习惯，以确保在每个媒体平台上都能有效地传达内容。另一方面，跨媒体融合为品牌创造了与受众互动的新方式，增强了品牌故事的吸引力和影响力。在跨媒体融合的背景下，受众的参与度和用户生成内容（user-generated content，UGC）变得更加重要。受众不再是被动的信息接收者，而是积极参与故事创作和传播的协作者。这种参与不局限于内容消费，还包括内容评论、分享、创作。

跨媒体融合理论还为新媒体营销提供了策略指导。新媒体运营者应该利用不同媒介的特性来构建一个统一的品牌形象和故事，同时在每个媒体平台上为用户提供独特的体验。这要求新媒体运营者对受众的行为和偏好有深入的了解，并能够灵活地适应不同媒体平台的变化。

综上所述，跨媒体融合理论为新媒体运营者提供了一个全面的理论框架和策略指导。在这个框架下，新媒体运营者不仅追求内容在不同平台的分发，也注重内容之间的互动和叙事的整体连贯性。这样，新媒体运营者可以为用户提供更全面、更独特的体验，在竞争激烈的媒体环境中保持品牌的吸引力和影响力。

三、社会建构主义理论

社会建构主义理论是一种重要的社会科学理论，尤其在传播学和媒体研究领域中占有重要地位。该理论的核心观点是，现实不是一个客观存在的实体，而是通过社会过程和交流活动在特定的文化和社会背景下被构建的。

社会建构主义理论认为，人们所理解的"现实"是通过社会互动和交流过程中的语言、符号和文本而构建的。这意味着现实并非固定不变的，而是随着社会和文化环境的不同而变化。在这一理论框架下，媒体不仅仅是信息的传递者，更是现实构建的参与者。媒体通过选择性报道、叙事方式和框架设定等手段，影响人们对事件、现象和世界的理解和解释。社会建构主义理论强调文化和社会背景在现实构建过程中的重要性。不同的社会和文化背景导致了对相同事件或现象的不同理解和解释。

在媒体研究中，社会建构主义理论被用来分析新闻报道、电视节目、电影以及其他媒体内容是如何塑造社会现实的。研究者关注媒体如何通过语言选择、图片展示和故事叙述来构建特定的现实观念。在公共关系和广告领域，社会建构主义理论帮助专业人士理解和影响公众对品牌、产品或事件的看法。通过有效的沟通策略，可以构建或改变公众对某一现象的理解。在社交媒体领域，用户通过分享内容、评论和互动，参与现实的社会构建。这些互动反过来又影响了用户的观念和看法。

总体来说，社会建构主义理论为新媒体运营者了解媒体内容如何影响人们对现实世界的看法提供了一个理论框架。该理论强调了媒体内容不是反映现实的简单镜像，而是在特定的社会和文化背景下构建和解释现实。在新媒体时代，这一理论尤其重要，因为数字技术和社交媒体使得信息的创建、分发和接收方式发生了根本变化。

四、文化资本理论

文化资本理论是由法国社会学家皮埃尔·布迪厄（Pierre Bourdieu）在 20 世纪提出的一种重要社会理论。该理论在解释社会不平等和阶级差异方面具有深远影响，特别是在教育、艺术和文化领域。文化资本是指个人通过教育和社会化过程获得的非物质资产。这些资产有助于提升个体在社会中的地位和权力。布迪厄将文化资本分为三种主要形式。一是具身形态：这是一种长期内化的、不能从一个人身上分离出来的资本，涉及个人知识、技能、教育、品位、言谈举止等，通常通过在家庭和教育机构中的社会化过程获得。这是一种个人长期内化的资本，是与个人密切相关且不可分割的。具身形态的文化资本是难以直接从一个人转移到另一个人的，因为它涉及深层次的个人发展和内化过程。二是客体化形态，指的是物质对象和媒介，如书籍、艺术品、仪器等。这些是可以转移给他人的物理对象，但人们欣赏和使用它们通常需要具备一定的文化知识。客体化形态的文化资本是可以交易的，但其价值取决于个体或社会对这些物品的认识和评价。三是制度化形态，指的是教育机构和其他机构认可的资格证书或学位。这种形态的文化资本为个人的文化水平提供了社会认可。制度化形态的文化资本在社会上通常具有明确的价值，因为它代表了官方或社会认可的能力水平。

文化资本对理解社会结构和阶级动态非常重要。它帮助解释了为什么某些社会群体能够保持其地位和权力，而其他群体则处于较低的社会位置。在教育领域，文化资本理论强调家庭背景和早期社会化对个人成就的影响。具有高文化资本的家庭通常能够为孩子提供更多支持和资源，帮助孩子在学术和文化领域取得成功。文化资本是社会地位和权力的再生产机制。高文化资本的个体往往能够将其优势传递给下一代，从而维持现有的社会地位。

在内容创作和传播方面，文化资本理论为人们提供了关于受众分析和内容定位的独特视角。创作者可以根据不同受众的文化资本差异来创作内容，以确保内容与特定群体的教育水平、兴趣和品位相符合。通过了解不同社会群体的文化背景和品位，内容创作者可以更有效地吸引和影响这些群体。新媒体运营者认识到文化资本的多样性，有助于创作更包容和多元化的内容，满足不同社会群体的不同文化需求和期望。

第三节　新媒体运营的受众理论

新媒体运营的受众理论涉及了解和分析新媒体平台上用户的行为、偏好和反应的多种方法。在数字化时代，受众不仅是内容的接受者，也是内容的传播者和创作者。了解受众的需求和兴趣对制订有效的新媒体运营策略至关重要。新媒体运营的受众理论涉及受众分析、内容定制化、用户参与和社交网络影响等。通过深入研究受众的特征和行为模式，新媒体运营者可以更加精准地定位目标群体，提高新媒体内容的吸引力和互动性，从而在竞争激烈的数字环境中脱颖而出。

一、使用与满足理论

西方经典传播理论中的使用与满足理论，把能否满足受众的需求作为传播的动力和目的。1974 年，传播学家卡兹等在发表的《个人对大众传播的使用》一文中提出了使用与满足的基本模式，将媒介接触行为概括为一个社会心理因素加心理因素（媒介期待—媒介接触—需求满足）的因果连锁过程。使用与满足理论的主要观点是，人们接触媒介的目的在于满足自己的特定需求，这些需求具有一定的社会和个人心理起源。实际行为的发生需要具备两个条件：一是媒介接触的可能性，即人们身边必须有电视机或报纸一类的物质，如果不具备这种可能性，人们就会转向其他代替性的满足手段；二是媒介印象，即人们对媒介能否满足自己的现实需求的评价，是在以往媒介接触经验的基础上形成的。根据媒介印象，人们选择特定的媒介或内容进行具体的媒介接触行为。媒介接触行为有两种结果：需求得到满足或未得到满足。不管需求是否能够得到满足，媒介接触行为的结果都将影响以后的媒介接触行为。

使用与满足理论的前提是假设受众都知道自己需要什么，并知道如何在使用媒介过程中满足自己的需求，但这在现实生活中往往不能成立。使用与满足理论的实现前提是受众可以随心所欲地选择信息，可以按照自己的愿望、根据自己的心意对信息进行取舍。但从该理论提出之时的社会背景和媒介环境来看，受众没有多大的选择余地。传播学者施拉姆把使用与满足理论比喻为自助餐厅——受众参与传播，犹如在自助餐厅就餐，可以根据自己的口味及食欲来挑选饭菜。

博客、播客、社交服务类网站、搜索引擎、即时信息（IM）、网络电视微博、微信等一系列全新的媒介，为每一位受众提供了参与媒体传播的可能，满足受众不同的使用与满足的需求。

受众平等参与信息传播，实现多对多传播，是Web2.0时代新媒体的重要特性之一。无论是创建博客、发表微博、登录论坛发表评论、使用手机上网，还是注册微博、微信、抖音等社交媒体，都满足了受众平等参与信息传播的基本需求，这是一种"通过参与，穿梭在社会"的满足。

新媒体的密集反馈性可以满足受众贡献与共享的需求。在信息化环境中，有相同兴趣爱好、相同话题的人汇聚到一起，通过媒介实现多对多信息互动。人们可以把身边的事情记录、拍摄下来，利用新媒体与他人分享身边的事情，进行交流。

新媒体传播可以满足用户自主创作微内容的需求。新媒体用户可以根据自己的个性生产任何数据与信息内容。例如，微博博主利用被限制在140字以内的微博这一简短的文体，在新媒体环境中掀起狂澜。

新媒体能满足用户个性化搜索、收藏、订阅的需求。搜索行为也是一种个性化控制。在网络信息海洋中，新媒体搜索引擎帮助用户以"我"的标准重组信息，赋予用户追求个性化传播的能力。基于互联网简易信息聚合（really simple syndication, RSS）技术，受众可以订阅自己喜爱的个性化内容，这在传统媒体时代是无法想象的。

新媒体的互动特征不仅体现为人与终端机器界面的互动，也体现为人们通过数据传输网络进行的人与人之间的有益互动。受众可以与论坛内的网友交流，表达自己的意见，得到自我认识和评价的满足。各种论坛、社区、博客等互联网业务的繁盛，帮助受众满足交往与表达的需求。社交网站（如开心网、人人网等）的火爆充分说明社会生活中受众对交往与表达的迫切需求。

新媒体能满足人们表达私人情感的需求。在当今社会，人们需要感情的温暖与慰藉。现实生活压力、工作压力过大，人们需要释放情绪。但基于安全的需要，人们不想向认识的人倾诉。于是，很多人选择了网络，将自己的负面情绪、隐私展露在博客、微博、论坛中。这些新媒体既满足了人们表达私人情感的需求，又满足了人们的社会安全感需求。

对互联网受众的大量研究都借鉴了使用与满足理论。通过对网络媒体的使用，网民满足缓解焦虑的需求，满足获取信息的需求，满足情感交流的需求，满足自我实现的需求，满足主导的心理需求，满足慎议的需求，等等。青少年通过对新媒体的使用，可以获得平等参与信息传播的满足、个性化的满足（如自己创作微内容、个性化搜索和收藏等）、共享的满足（如寻找同好、促成共享等）。

从博客到电子杂志，从播客到视频分享网站，从手机报到手机电视，从微博到微信，新媒体迅速发展，"使用与满足"在新媒体运营领域的地位再度得到确认。

二、文化研究理论

文化研究理论在新媒体运营领域中占据着举足轻重的地位。文化研究理论的核心是理解媒体内容如何被不同的受众群体解读和应用，并且强调社会结构在这一过程中的影响。这一理论的发展得益于多位学者的贡献，其中，最具代表性的是斯图尔特·霍尔（Stuart Hall）的编码／解码模型。霍尔在其 1973 年的重要论文《编码和解码》中提出，媒体信息的产生和接收不是一个线性的、单向的过程。相反，它是一个动态的互动过程，其中，媒体内容（或文本）在被受众接收时会经历不同的解读。这种解读不仅依赖文本，还受到受众的社会背景、文化经验和个人身份等因素的影响。这一理论对新媒体运营至关重要，因为它强调了受众主动性的角色及受众对媒体内容意义的塑造。此外，霍尔的理论也强调了社会结构对媒体内容解读的影响。这一观点在大卫·莫雷利（David Morley）和夏洛特·布伦森（Charlotte Brunsdon）的研究中得到了扩展。他们在对电视观众的研究中发现，不同的社会群体，如不同的阶层、不同的性别群体，可能会基于其特定的文化背景和生活经验，对同一媒体内容有不同的解读。

约翰·菲斯克（John Fiske）在文化研究领域的工作对新媒体运营具有深远的意义，特别是他对流行文化作为资源的观点。菲斯克的理论强调了流行文化在受众日常生活中的作用，特别是流行文化在身份构建和社会关系形成方面的重要性。菲斯克认为，流行文化不仅是一种娱乐文化，也是受众用来表达自己观点、与他人互动甚至参与社会活动和政治活动的工具。[①]这种观点突破了传统媒体研究中对受众作为被动的信息接收者的看法，而将受众视为能动的参与者。受众使用流行文化作为一种语言，表达自己的身份、价值观和社会关系。

在新媒体运营中，文化研究理论的应用意味着设计和推广媒体内容时，需要考虑受众如何能够利用这些内容来表达自己的观点，以及如何在社会群体中分享和讨论这些内容。这意味着媒体内容传播的成功不仅取决于信息传递的质量，还取决于媒体为受众提供的表达和交流的机会。例如，在社交媒体上，受众讨论一个流行的话题，不仅仅是信息的传播，

---

① 陆道夫. 试论约翰·菲斯克的媒介文本理论 [J]. 南京社会科学，2008（12）：79-87.

更是一种社会参与。受众参与讨论这些话题，不仅是在接收信息，也是在通过自己的方式对这些信息进行重塑，表达自己的观点，建立和维护社会联系。菲斯克的理论认为，设计和推广新媒体内容，应考虑到这些内容如何能够被受众用作表达自我和构建社会关系的工具。这意味着新媒体运营者需要深入了解受众群体的文化背景和社会动态，以便创作能够引起受众共鸣并促进受众参与传播的内容。认识到受众主动使用媒体内容的重要性，对于创作具有吸引力、互动性和社会相关性的媒体内容至关重要。

文化研究理论为人们提供了一种理解媒体、文化和社会之间相互作用的复杂动态的视角。新媒体运营领域的研究者和实践者，深入理解并应用这一理论，对于有效地制订媒体策略、洞察受众行为、评估媒体内容在不同社会群体中的影响至关重要。

三、用户动机理论

关于用户动机的理论有很多，其中，著名的理论之一是自我决定理论（self-determination theory），该理论由心理学家爱德华·L.德西（Edward L. Deci）和理查德·M.瑞安（Richard M. Ryan）于1985年提出。自我决定理论主要关注个体内在动机和外在动机之间的关系，解释人们为什么会采取某些行为或追求特定目标。

自我决定理论将动机分为以下几种类型：

一是内在动机，指个体出于兴趣、乐趣、自我满足或内在价值观而从事某项活动。这种动机是最高级别的。人们有这种动机，更有可能持续参与和投入精力。

二是身份关联动机，涉及将某项活动与个体的价值观和目标相联系，尽管外部奖励或压力也可能存在。个体会认为这项活动是有意义的，因此会积极参与活动。

三是受托动机，包括内部的压力和焦虑。个体会感到需要完成某项任务，但动机并不来自内在的兴趣或乐趣。这种动机可能导致情感压力，不如内在动机长期稳定。

四是外在动机，这是最低级别的动机。个体参与活动主要是为了外部奖励或避免惩罚，而不是出于内在兴趣或满足。

五是缺乏动机，指的是个体对某项活动或任务的动机极其弱或缺乏动机。在这种情况下，个体可能会感到无助或无趣。

自我决定理论在新媒体运营方面，尤其在虚拟社区建设方面，具有一定的意义。有学者探讨了网络社区构建成功的秘密策略，特别关注了游戏化元素在提高用户参与度方面的作用。① 她强调了将游戏化元素引入在线社区的重要性，认为游戏化元素可以包括奖励系统、成就徽章、积分制度等，这些元素可以激发用户的兴趣，促使用户更积极地参与社区活动。用户参与社区活动的动机可以是多种多样的。这些动机可能包括成就感（通过完成任务或达到目标获得满足感）、归属感（感觉自己属于社区）、好奇心（对新事物或主题的兴趣）以及自我表达的欲望（通过分享观点、创作内容等来表达自己）等。

四、社会资本理论

社会资本理论是一种复杂的理论，涉及社会关系网中的资源、信任、互惠性和网络结构等。这一理论最初由社会学家和政治学家提出，后来在多个学科领域得到了广泛的应用和发展。社会资本的概念最早可追溯到 20 世纪初，但直到 20 世纪 70 年代和 80 年代，学者才开始系统地探讨这一概念。法国社会学家皮埃尔·布尔迪厄（Pierre Bourdieu）和美国社会学家詹姆斯·科尔曼（James Coleman）为社会资本理论的早期发展做出了重要贡献。美国政治学家罗伯特·普特南（Robert Putnam）在社

---

① KIM A J. Community building on the web: secret strategies for successful online communities[M]. Boston: Addison-Wesley Longman Publishing Co.,2000: 270.

会资本理论的普及过程中起到了关键作用。他在 1995 年的文章 "Bowling Alone: America's Declining Social Capital" 中，详细探讨了社会资本的重要性。

社会资本理论认为，个人或群体通过社交网络可以获得资源。这些资源可能是信息、知识、情感支持或物质帮助。社会网络中的信任和共享的社会规范是社会资本的重要组成部分。这种信任促进了资源的共享。社会资本涉及网络成员的互惠性原则，即个体在社交网络中的给予和接收应该平衡。社会资本的形成也受到网络结构的影响。例如，密集的网络可能促进更密切的合作和资源共享。

在新媒体运营的环境中，社会资本理论有几个关键方面：一是社会资本理论强调人际关系网中资源的可访问性。这些资源包括信息、建议、信任和支持。在新媒体平台上，通过建立和维护广泛的社交网络，个体和组织可以访问更多的资源和信息。二是社会资本包含网络成员的信任和共享的规范。在新媒体环境中，信任是关键，因为信任促进了信息的共享和接收。社区成员如果信任彼此，那么更可能分享有价值的信息，并参与集体行动。三是社会资本理论还涉及互惠性原则，即网络中的个体在给予和获得支持方面达到某种平衡。这意味着在新媒体环境中，用户之间的互动是双向的，用户分享资源和支持。四是社会资本还取决于网络结构。密集且相互联系的网络可能产生更高的社会资本。在新媒体环境中，强关系（如亲密朋友）和弱关系（如远程联系人）都对社会资本的形成有重要作用。

在新媒体运营中，组织或个人了解并利用社会资本理论，可以更有效地构建和维护社交网络，促进信息共享，提高社区成员的忠诚度和参与度。通过有效的社交网络管理，新媒体运营者可以提升品牌知名度、客户忠诚度，促进产品或服务的传播。

五、AIDA 理论

AIDA 模型是广告和营销领域中一个经典且长期被引用的理论框架。它最早由艾莱亚斯·圣埃尔摩·刘易斯（E. St. Elmo Lewis）于 20 世纪初提出，用以描述消费者在购买过程中的四个关键心理阶段：注意力（attention）、兴趣（interest）、愿望（desire）、行动（action）（图 2-1）。

图 2-1　AIDA 模型

（一）注意力

在新媒体环境下，获取消费者的注意力尤为重要。安贾拉·塞琳娜·克里申（Anjala Selena Krishen）、迈·布伊（My Bui）指出，在信息泛滥的背景下，注意力的获取依赖创新和互动性强的内容。[①] 在这个阶段，营销活动的目标是通过创意广告、吸引人的视觉效果或引发情感共鸣的叙事来吸引消费者的注意力。

（二）兴趣

菲利普·科特勒（P. Kotler）和凯文·凯勒（K. L. Keller）强调，营

---

① KRISHEN A S, BUI M. Fear advertisements: influencing consumers to make better health decisions[J]. International journal of advertising: the review of marketing communications, 2015, 34(3): 533-548.

销者需要深入了解目标受众的需求和偏好，通过为受众提供有吸引力的信息来维持受众兴趣。[①]产品或服务的特点、优势以及如何满足消费者需求成为这一阶段的焦点。

（三）愿望

愿望使消费者的兴趣转化为具体的购买动机。托马斯·E.巴里（Thomas E. Barry）和丹尼尔·J.霍华德（Daniel J. Howard）强调，情感共鸣和个性化方法在这个阶段至关重要。[②]营销者应通过故事叙述、用户评价、展示产品如何满足特定的需求来使消费者产生愿望。

（四）行动

行动是 AIDA 模型的最后阶段。这一阶段营销活动的目标是促使消费者进行购买或采取其他特定行动。保罗·拉塞尔·史密斯（Paul Russell Smith）和乔纳森·泰勒（Jonathan Taylor）的研究表明，有效的行动号召应当简洁明了，并提供足够的动机。[③]这可能通过限时优惠、特别折扣或清晰的购买指南来实现。

在新媒体环境中，内容不仅要吸引受众的注意力，还要激发受众的兴趣，从而引导受众至产生愿望阶段和最终的行动阶段。新媒体内容必须创意丰富，符合受众兴趣，且能够触动受众情感。社交媒体平台为用户提供了理想的环境，通过独特的创意内容和互动策略吸引用户注意力，例如，使用吸引人的图像、视频和引发讨论的话题来抓住用户的眼球，进而通过有趣的内容维持用户的兴趣。电子邮件营销在为用户提供个性化体验方面具有独特优势。基于用户行为和偏好，定制的电子邮件内容

---

① KOTLER P, KELLER K L. Marketing management[M].15th ed. London: Pearson Education, 2016: 239.

② BARRY T E, HOWARD D J. A review and critique of the hierarchy of effects in advertising[J]. International journal of advertising, 1990, 9(2): 121-135.

③ SMITH P R, TAYLOR J. Marketing communications: an integrated approach[M]. London: Kogan Page Publishers, 2004: 12.

可以更有效地激发用户的兴趣和愿望，最终引导用户采取行动，如购买或订阅。AIDA 模型能帮助营销者深入了解用户在新媒体环境中的行为模式。通过追踪用户在不同阶段的互动，营销者可以优化营销策略，以更好地满足用户需求。在新媒体运营中，整合不同的营销渠道是至关重要的。AIDA 模型为营销者提供了一个框架，使营销者能够在不同平台中一致地实施营销策略，从而为消费者提供一致的品牌信息和体验。

AIDA 模型在新媒体运营中的应用显示了持久的价值和适应性。通过了解和满足消费者的需求，新媒体运营者能够有效地吸引目标受众。AIDA 模型通过其简明扼要的结构为人们提供了一个有效的理论工具，用于指导和评估广告和营销活动的设计。尽管新媒体环境快速变化，但是该模型依然在营销策略的制订中扮演着关键角色。

第三章　国内主要的新媒体平台

　　这一章深入探讨中国市场上各大新媒体平台的特性和市场定位。这一章旨在分析不同的新媒体平台如何根据平台功能、受众群体和内容特色，塑造自身的独特身份，并在激烈的市场竞争中脱颖而出；探索这些平台如何通过创新的技术应用和用户互动，吸引并维持庞大的用户群体，分析这些平台在新媒体生态系统中扮演的角色。

第一节　平台选择对新媒体运营的重要性

一、国内网络新媒体行业的发展背景

　　自 21 世纪初以来，中国经济的迅猛发展，特别是科技和通信的发展，显著促进了信息技术的进步和互联网基础设施的建设。这一进程，从信息社会理论的视角来看，为中国的新媒体平台创造了巨大的发展空间。中国互联网络信息中心（China Internet Network Information Center，CNNIC）的报告显示，截至 2022 年 12 月，中国网民规模达到 10.67 亿人，互联网普及率达到 75.6%。这一庞大的网络用户基数，从市场经济学的角度来看，为新媒体平台的发展提供了庞大的潜在市场和巨大的动力。

　　快速增长的网民数量和高互联网普及率，从数字经济的角度来看，预示着中国在数字内容消费、社交媒体使用、电子商务等方面有巨大的发展潜力。各种新媒体平台，如微博、微信、抖音等，在中国取得了巨大成功，而且其影响力也在国际上逐渐显现。这些平台的多样化信息交流、娱乐和商业活动，从媒介融合理论的视角来看，加快了中国社会向数字化转型的步伐。

　　快速的网络普及对中国的经济发展产生了深远影响，特别是在促进各行各业信息化和数字化转型方面。这给中国的科技创新、经济发展乃至社会治理带来了新的机遇和挑战。在技术进步和网络基础设施不断完善的背景下，预计中国的数字经济和新媒体行业将继续保持快速发展的势头。中国政府积极推动信息化发展，特别是实施"互联网+"行动计划，这一计划从产业政策的角度出发，旨在将互联网深度融合至传统产业，推动产业结构转型升级。这样的政策环境为新媒体行业的发展提供了政策支持和指导。

在当前的市场和政策背景下，艾瑞咨询提供的数据揭示了中国短视频行业的迅速发展，用户规模在2022年已超过8亿人。这反映了新媒体内容的多样化，以及用户对短视频、直播等新媒体形式的广泛接受。从传播学的角度来看，这表明了信息消费模式的转变，受众更倾向于选择短小、高度精练的内容。这种转变强调了信息时代受众注意力的碎片化，以及媒体内容创作者吸引和维持受众注意力面临的挑战。社交平台（如微信和微博）已不仅仅是信息传播的渠道，还成为内容创作和消费的核心平台。以微信公众号为例，其日均阅读量在2022年达到10亿次。微信公众号成为品牌与消费者之间交流的新途径。这种平台为企业提供了直接与目标受众沟通的渠道，提高了品牌信息传播的精准度和有效性。另外，新媒体平台，如今日头条，通过先进的数据挖掘和机器学习技术，为用户提供个性化内容推荐。这种技术驱动的个性化运营策略，从心理学的角度来看，提高了用户对内容的兴趣，进而增强了用户体验和内容黏性。这种基于大数据和算法的内容推荐，不仅提高了用户满意度，也为平台创造了更多的用户留存和参与机会。

广告收入作为新媒体平台的主要收入来源之一，在促进商业模式的发展方面具有至关重要的作用。以腾讯为例，其2022年第二季度的广告收入高达181亿元，这不仅体现了其平台的商业价值，也反映了广告市场的快速发展和成熟。这种收入模式的成功标志着新媒体平台商业模式的成熟和多元化，为行业的持续发展提供了稳定的财务基础。

中国政府对新媒体平台的内容进行了严格的监管，以确保网络环境的健康和安全。例如，国家互联网信息办公室发布的《网络信息内容生态治理规定》，不仅从法规层面规范了新媒体内容发布，也体现了政府对信息社会健康发展的重视。技术创新、内容多样性、商业模式和政策环境等共同促进了中国新媒体行业的发展。在不断变化的技术和市场环境中，新媒体运营不仅需要适应当前的形势，还必须不断创新，以维持新媒体的竞争力和影响力。从战略管理的视角来看，这对新媒体运营者提出了更高的要求。

二、新媒体平台选择的重要性

在中国互联网行业快速发展、调整以及创新的过程中，选择合适的平台对新媒体运营来说尤为关键。从市场动态分析来看，选择合适的平台，不仅能增强内容可见性，提高受众参与度，还对品牌形象和市场定位有深远的影响。在新媒体环境下，内容可见性直接影响信息传播的效率和广度，受众参与度是衡量互动质量和受众忠诚度的关键指标。在竞争激烈的数字市场中，了解和应用选择合适平台的策略，对于保持领先地位是至关重要的。例如，抖音是一个迅速崛起的短视频平台，其独特的算法推荐机制和用户互动方式为品牌提供了高度可见、互动性强的新媒体环境，使抖音成为许多品牌优先选择的平台。新媒体运营者选择平台时，应注意以下几点。

第一，不同的新媒体平台拥有不同的用户群体。这要求新媒体运营者进行用户画像分析和受众细分，以便更好地定位新媒体内容，制订营销策略。例如，年轻人可能更倾向于使用抖音或小红书，而更成熟的受众可能更多地使用微信。这种受众偏好的差异，从社会心理学的角度来看，是由于不同年龄段受众的认知偏好和社交需求不同。了解目标受众的社交媒体偏好，不仅是新媒体营销的基础，也是内容策略制订的出发点。例如，在中国市场中，微信是一个覆盖面广的社交平台，其用户群体多元化，所以微信适合进行品牌形象的长期建设和维护。

第二，每个新媒体平台都有独特的内容和交互方式。这就要求新媒体运营者不仅要了解内容营销的基本原则，还要深入了解和利用各个平台的特定功能和格式。例如，小红书侧重于视觉效果，而微博更注重快速的信息交流，注重文字内容。这种差异，从信息传播学的视角来看，强调了信息编码和解码的特异性。因此，选择合适的新媒体平台也意味着能够有效地利用平台的特定功能和格式来吸引受众。例如，微博在中国市场中以快速的信息传播和社会化互动的特点，成为许多品牌进行实时营销和舆论引导的首选平台。

第三，平台的选择还与资源分配有关。不同的新媒体平台可能需要不同类型和数量的资源投入，如时间、人力和财力。在资源配置理论的视角下，小型企业或初创公司需要精准地评估各新媒体平台的成本效益，以提高资源利用效率。小型企业或初创公司要了解每个新媒体平台的用户活跃度、广告成本和内容制作的复杂度等。例如，虽然小视频平台（如抖音）为企业提供了用户参与和品牌曝光机会，但内容创新和制作成本较高。企业根据自身的资源和市场定位，选择最能产生投资回报的新媒体平台是关键。在中国市场中，许多初创品牌和中小企业偏向于选择成本效益高的平台（如微信公众号）来进行品牌推广和内容营销。

第四，选择新媒体平台，还应考虑长期的品牌发展战略。从战略管理的角度来看，某些新媒体平台可能更适合实现短期目标，而其他平台则可能更适合长期品牌建设和受众关系维护。新媒体平台的选择不仅是基于当前市场环境的战略适应，也是基于未来市场变化对品牌发展的前瞻性规划。例如，追求长期品牌价值和受众忠诚度的企业，选择知乎这样的知识共享平台，可以更好地与目标受众建立紧密的联系，获得受众的信任。而追求快速市场占有和品牌知名度的企业，选择抖音这样的快速传播平台，能实现短期内的市场突破。

总之，选择合适的新媒体平台对新媒体运营的成功至关重要。选择新媒体平台不仅涉及分析和了解目标受众，还需要对不同新媒体平台的特性、资源需求和长期品牌战略进行综合考虑。从市场营销的角度看，新媒体平台的选择是一种综合考虑市场环境、企业资源和品牌战略的战略性决策。通过精心选择和利用合适的新媒体平台，企业可以更有效地传播信息，实现营销目标，在竞争激烈的数字化市场中脱颖而出。在快速变化和竞争激烈的市场环境中，这种战略性的平台选择尤为重要。

第二节　国内主要新媒体平台的特点与定位

在国内的新媒体生态环境中，各类新媒体平台扮演着独特而关键的角色，它们各自的特点和市场定位不仅影响着信息传播的方式，也深刻影响着用户的行为和期望。了解这些平台的特点对制订有效的新媒体运营策略至关重要，有助于精准定位目标受众，优化内容策略，也有利于商业推广和品牌建设。此外，对这些平台进行细致研究，能够揭示行业发展趋势和用户偏好的变化，为新媒体运营的创新和发展提供参考。

一、社交媒体平台

（一）微信

微信自 2011 年推出以来，已经成为中国具有较大影响力的社交媒体平台之一，对当代互联网社交的格局产生了深远的影响。作为一个集即时通信、媒体分享与电子商务等于一体的多功能平台，微信彻底改变了用户的日常沟通与互动方式，塑造了新的社交媒体生态系统。微信对用户行为的洞察与数据驱动的内容分发机制，为新媒体运营提供了独特的视角和方法论。微信通过开放的公众号平台和小程序，为品牌和个人创作者提供了一个内容创作与传播的强大工具，也成为数字营销和品牌传播的关键渠道。在移动互联网和社交媒体运营领域，微信不仅是通信工具的代表，也是社交网络营销、内容营销和社交电子商务等多个领域的先锋，展现了其在新媒体运营领域的重要地位。

1. 平台特点

微信是综合性的社交媒体平台，其特点在于融合了多种内容呈现形式、社区文化、先进技术以及高效的互动机制，这些元素共同构成了微信在新媒体运营领域的核心竞争力。

微信的内容生产主要围绕用户生成内容和专业生成内容展开。朋友圈作为用户生成内容的核心载体，为用户提供了一个分享日常生活情况、表达情感的平台，促进了用户之间的情感联系和信息共享。微信公众号作为专业生成内容的主要渠道，为品牌和专业人士提供了内容发布和传播的平台。人们利用微信公众号，不仅能够发布高质量的专业文章、视频等内容，还可以进行品牌传播和用户互动。此外，微信小程序为用户提供了更加丰富的互动体验和便捷服务，提高了平台的内容质量和用户黏性。

微信的用户群体极为广泛，涵盖各个年龄层的人。微信平台的普及率和用户黏性在中国社交媒体领域处于领先地位。微信的社区文化重视隐私保护和个性化交流，为用户提供了安全、私密的沟通环境，这有利于增强用户的信任感和社群归属感。微信的社区管理和内容监管策略，以及对用户反馈的积极响应，进一步巩固了微信社区文化的稳定性和积极性，有助于维护健康、和谐的线上交流环境。

微信在技术应用方面展现出显著优势，特别是在算法优化、数据挖掘以及个性化推荐系统方面。微信平台利用先进的数据分析技术，对用户行为进行深入研究，从而实现内容的智能分发和个性化推荐。这种基于大数据和机器学习的技术应用，不仅提升了用户体验，还为广告主提供了精准的目标群体定位和广告投放效果的优化。此外，微信支付等金融科技应用也极大地丰富了用户在微信平台上的交易和消费体验，提高了微信在新媒体运营中的商业价值。

微信的互动机制包括消息互动、朋友圈互动和公众号互动等多个方面。微信互动机制不仅促进了用户间的信息流通和社交互动，还为商家提供了与用户直接沟通和深度互动的机会。微信公众号的互动功能，如评论、点赞、分享等，使得内容能够有效传播，增强了用户的参与感，提高了微信平台的活跃度。微信还为用户提供了微信群、视频通话等功能，进一步丰富了用户的互动方式，增强了平台的社交属性和用户黏性。

2. 平台定位

微信的定位超越了传统的社交通信工具范畴，使其成为一个综合性的新媒体平台。微信不仅在基本的通信功能上实现了优化，还通过整合信息分享、娱乐、购物和生活服务等多元功能，构建了一个全面的社交生态系统。这种高度集成的特性使微信在新媒体运营领域，特别是在社交媒体营销和客户关系管理方面，显示出巨大的潜力和价值。

在社交媒体营销领域，微信公众号和小程序成为商家与用户直接互动的重要渠道。商家可以利用这些工具进行内容营销、品牌建设和社区管理，实现与用户的深度联系。微信的多样化营销工具，如微信广告、朋友圈等，为商家提供了精准的目标用户触达，促进了营销活动的效果优化。在客户关系管理方面，微信通过提供个性化的通信和互动方式，为企业和用户建立起稳固的关系提供了平台。企业可以利用微信的数据分析工具，如微信指数、用户行为分析等，了解用户需求，优化用户体验。此外，微信支付的集成为电子商务提供了便利的支付解决方案，提升了电子商务的运营效率和用户的体验感。

微信在确保用户良好体验和数据安全方面做出了重要努力。微信平台的隐私保护机制和数据加密技术，保障了用户信息的安全，赢得了用户的信任。同时，通过持续的技术创新和功能优化，微信能够不断提升用户满意度，保持在社交媒体市场中的竞争优势。

3. 微信作为新媒体运营平台的优势

微信公众号平台的核心在于内容营销，为商家提供了一个与用户直接互动的通道。商家通过发布高质量的原创内容，不仅可以增强自己的行业权威性，也能通过内容的价值和吸引力来增强用户黏性。此外，微信的"看一看"和"搜一搜"功能，以及算法推荐机制，进一步扩大了优质内容的影响力和覆盖范围。这种基于内容的营销策略，特别是在信息过载的数字时代，能有效地提升品牌的可见度和认知度。

微信的用户增长战略着重于持续的功能创新和优化用户体验。通过引入小程序，微信不仅为用户提供了更加便捷和多样化的服务，还通过这些小程序增强了平台的黏性。小程序的多样化应用场景，如电商、生活服务、游戏等，满足了用户的不同需求，也为商家提供了新的用户接触点和服务创新的机会。此外，微信不断优化其 UI（user interface，用户界面）/UX（user experience，用户体验）设计和功能设置，以提升用户体验，提高用户对平台的忠诚度。

微信的商业模式包括多个收入流，其中，广告收入（包括朋友圈广告收入和公众号广告收入）是微信的主要盈利渠道之一。通过精准的目标用户定位和广告投放，微信能够为广告主提供良好的市场接触效果。此外，微信支付作为微信的一个重要的收入来源，不仅为用户提供了便捷的支付解决方案，也为商家创造了很大的交易价值。小程序同样给微信带来了显著的商业价值。通过为用户提供丰富的应用场景和服务，微信小程序成为联结用户和商家的重要桥梁，为双方创造了新的价值和机会。

（二）微博

新浪微博自 2009 年推出以来，迅速成为中国具有较大影响力的社交媒体平台之一。作为一种综合性的新媒体，微博整合了微博客服务、网络社交、即时通信及媒体共享等多元功能，成为中国互联网文化的重要标志。微博的核心特点在于开放性和即时性，使信息传播迅速且广泛，特别在热点事件和突发公共事件的报道上展现出显著影响力。在新媒体运营方面，微博作为实时媒体，为商家与公众互动提供了关键平台，尤其在提升公众品牌意识、危机公关管理和消费者关系构建等方面具有独特优势。微博的内容营销策略、社会化媒体营销策略、先进的算法推荐和数据分析能力，为新媒体运营者提供了用户分析和市场发展趋势预测结果，有利于优化营销策略，提升传播效果。微博在新媒体领域的地位凸显，为品牌和个人提供了一个高效且多元的互动和传播平台。

1. 平台特点

微博用户可以通过简短的文字、图片或视频来分享各类信息。信息传播具有即时性和开放性。微博的这一特点促使微博成为信息快速更新的平台，微博尤其在突发事件报道、热点话题追踪方面表现出色。信息传播的实时性使微博成为一个重要的公共舆论场，影响着公众对社会、政治和文化事件的看法和反应。

微博平台强调用户之间的互动，具有转发、评论和点赞功能，这不仅促进了网络社区的形成，也助力意见领袖的崛起。用户的互动行为加强了信息的多方面讨论，从而形成了丰富的社区文化和网络亚文化。微博的互动性为品牌和机构提供了与目标群体建立联系和互动的机会，有利于新媒体运营。

微博支持多种媒体格式的内容，如图文结合、视频、直播等，这大大增强了内容的丰富性和吸引力。多媒体内容的整合使得信息呈现更加生动和立体，提升了用户体验和参与度。多样化的内容呈现形式也使微博成为一个多元文化的展示平台，为不同领域的内容创作者提供了广阔的舞台。

微博的数据分析工具，如微博指数，能够帮助商家和广告主深入分析用户行为，如分析用户的兴趣点、行为模式和互动趋势，从而使营销策略更加精准和高效。在新媒体运营中，数据驱动的决策制订越来越重要。微博的数据分析能力能够使营销活动的目标定位和效果评估更加准确。

微博在新媒体运营中发挥着重要作用。微博的即时信息分享和传播特点使得微博成为品牌快速响应市场变化和公众需求的重要渠道。微博的用户互动和网络社区为品牌提供了提高用户忠诚度的机会。微博的多媒体内容的整合使得微博在内容营销中表现出色，能够激发和保持用户的兴趣。微博的数据分析能力使得微博成为新媒体运营中不可忽视的数据资源。

2. 平台定位

微博的首要定位是一个多元化的社交媒体平台。微博支持个人用户表达观点、分享日常生活情况，允许发布各种形式的内容，如发布文字、图片、视频和直播等。多样性的内容使得微博能够满足不同用户群体的需求。不同群体都可以在微博平台上找到自己的位置。微博的开放性和即时性使微博成为追踪时事热点、进行公共讨论的核心平台。在政治、经济、文化等多个领域的重大事件发生时，微博往往成为公众获取信息和表达意见的首选平台。微博的即时交流的特点使微博在舆论形成和公共议题讨论中扮演着不可或缺的角色。作为一个反映社会动态的窗口，微博能够快速反映社会事件，为公众提供一个了解社会事件和参与社会事件讨论的平台。微博在汇集和传播社会各界声音方面起到了桥梁作用，使不同群体的意见和诉求得到展现和被听到。

对于企业、媒体和公众人物而言，微博是进行品牌建设和信息发布的重要渠道。企业可以利用微博进行品牌推广、产品宣传、客户服务和市场调研。媒体机构和公众人物可以利用微博发布最新消息和观点，与公众进行互动，塑造和维护良好的形象。微博凭借广泛的用户基础和强大的传播能力，成为电影、电视、音乐和其他娱乐内容的宣传和推广的重要平台。同时，微博在舆论引导方面也发挥着重要作用。通过热搜榜、话题标签等功能，微博能够聚焦公众注意力，引导社会舆论的方向。

3.微博作为新媒体运营平台的优势

新浪微博在新媒体运营平台中占据着独特的优势地位。微博的优势在不同的方面体现出微博对品牌、企业及个人用户的价值。

第一，强大的信息传播能力是微博的显著优势之一。微博平台的即时性和网络效应使微博成为信息迅速扩散的渠道。在新媒体运营中，微博特别适合进行品牌宣传和产品营销。商家可以利用微博迅速提升品牌知名度，扩大市场影响力。尤其在处理突发事件或发布时事消息时，微博能够及时、广泛地将信息迅速传递给大量受众。

第二，较高的用户参与度也是微博的一个核心优势。用户之间的互动，如转发、评论和点赞等，不仅增强了用户的参与感，提高了话题讨论热度，还有利于形成话题效应。微博的这种社交互动性对新媒体营销至关重要，能够增加用户对品牌或事件的情感投入，从而提升用户黏性和用户对品牌的忠诚度。在微博上形成的话题讨论和热搜现象，经常能引起广泛的公共关注，给品牌营销带来很大的影响力。

第三，微博在目标受众精准定位方面也表现出色。通过对大量用户数据进行分析，微博能够帮助品牌营销者精准地识别和定位目标受众。这种数据驱动的市场营销策略使得广告投放和内容营销更加高效，提高了营销活动的投资回报率。微博的用户行为分析工具，如微博指数，能够帮助营销者深入了解用户的兴趣偏好、互动习惯和消费行为，使营销者能够制订更加符合用户需求的营销策略。

第四，多样化营销渠道也是微博作为新媒体运营平台的重要优势。除了传统的广告投放，微博还为用户提供了带货直播、明星效应利用等多种营销方式。这些营销方式能够满足不同品牌和商家的多样化营销需求，为商家提供广泛的市场接触点和创新的营销手段。尤其在当前的网红经济和直播带货背景下，微博的营销功能为品牌和商家提供了更为直接和互动的销售渠道。

二、视频类平台

（一）抖音

抖音自 2016 年在中国市场推出后，以创新的内容和用户参与方式迅速在全球范围内获得成功，成为短视频分享领域的领军者。作为一个新兴的社交媒体平台，抖音以 15 秒至 3 分钟的短视频为核心内容，成功地吸引了全球范围内的广泛用户群体。这一平台的崛起标志着数字内容消费习惯的转变，用户更倾向于选择简短的视觉内容。抖音的算法驱动的内容推荐机制进一步增强了抖音的吸引力，通过精准的用户行为分析和个性化内容展示，极大地提高了用户的参与度和平台的用户黏性。

在新媒体运营领域，抖音不仅改变了人们的娱乐消费习惯，还对品牌营销和数字内容创作产生了深远影响。抖音为商家提供了一个创新营销的平台，使商家通过短视频和挑战赛等进行互动式营销，这种新型的营销方式使商家能够与年轻消费者建立联系。此外，抖音还推动了用户生成内容的兴起，鼓励用户参与内容创作，从而营造活跃、创新和多元化的社交媒体环境。

1. 平台特点

抖音作为一个全球领先的短视频分享平台，在新媒体运营领域展现出多种特点。

第一，抖音的内容创作具有创新性和多样性。通过提供 15 秒至 3 分钟的短视频，抖音激发了用户的创造力，使用户能够以简单、高效的方式进行自我表达，为用户提供了广阔的创作空间，内容涵盖生活记录、教育信息、娱乐表演等。抖音的多样性内容吸引了广泛的用户群体。

第二，抖音使用很有特色的算法推荐系统来驱动内容分发，这在新媒体运营中尤为关键。抖音通过分析用户的行为和偏好，为用户提供个性化的内容推荐。这种算法驱动的机制确保了高质量和高相关性的内容能够被用户看到，从而大大提高了用户参与度和平台的黏性。这种个性化推荐系统是抖音能够在众多平台中脱颖而出的重要因素。

第三，抖音在社交互动和用户参与方面也表现出色。抖音平台为用户提供了多种互动方式，如评论、点赞、分享和参与挑战赛等。抖音的互动功能促进了用户之间的互动和网络社区建设。用户可以利用抖音的互动功能参与到广泛的社交活动中。抖音不仅增强了用户的参与感，也加强了网络社区内用户的联系。

第四，作为一个在全球范围内广受欢迎的应用，抖音还具有显著的跨文化影响力。抖音打破了地域和文化的界限，使不同国家的用户能够共享和交流内容。抖音的这种跨文化交流机制不仅拓宽了用户的视野，也促进了全球文化交流。抖音还为商家提供了国际化的市场，使商家能够触及更广泛的受众。

2. 平台定位

抖音不仅是个人用户展示创造力、分享生活状态的空间，也是品牌进行数字营销和推广的重要渠道。抖音的这一定位体现了其在当今数字媒体生态中的重要角色：既是个人自我表达的舞台，也是品牌营销的中心。

抖音作为个人用户的创意展示平台，为用户提供了独特的环境，让用户能够以短视频的形式自由地表达自己的观点。用户可以利用抖音记录日常生活，还可以进行艺术创作、知识分享、技能展示等。抖音为用户提供了多元化的内容创作空间。在抖音平台上，创意和创新得以蓬勃发展，形成了充满活力和创造力的网络社区。

抖音为商家提供了新的数字营销渠道。通过短视频内容创作和分享，商家能够以直观和互动的方式与目标受众建立联系。抖音平台上的挑战赛、品牌定制特效和关键意见领袖合作等功能，为商家提供了多样化的营销策略，使商家能够有效地提升品牌知名度和用户参与度。这种新型的数字营销方式符合当代消费者的媒体消费习惯和偏好。

抖音的国际化策略使抖音在全球范围内具有广泛的影响。抖音不局限于一个国家，而是一个全球性平台。这一特点使得抖音能够促进多元文化交流，为用户提供丰富多彩的跨文化交流体验。这种跨文化的内容消费和互动平台，为全球化的品牌提供了广阔的市场和多样化的用户群体。

3.抖音作为新媒体运营平台的优势

第一，抖音的创新性内容构建了充满活力的短视频文化。抖音通过灵活的内容创作工具和多样化的表达形式，为用户提供了广阔的创作空间。开放性和创新性是抖音区别于传统媒体的显著特点。抖音激发了用户的创造力，使内容生产更加多元化和个性化。这种新型的内容生态不仅丰富了用户的体验，也加强了内容与观众之间的互动，提升了平台的活跃度。

第二，在个性化内容推荐方面，抖音利用先进的数据分析技术和算法，实现了基于用户行为的个性化内容推荐。这极大地提升了用户体验，使用户能够快速找到符合自己兴趣的内容。个性化内容推荐不仅提高了视频内容的观看率，还优化了用户的信息获取路径，从而提高了用户满意度和平台的黏性。这种算法的应用是新媒体运营的关键，体现了数据驱动的内容分发策略在当代媒体环境中的重要性。抖音还为商家提供了一系列强大的品牌推广工具。这些工具使品牌能够以创新和互动的方式触达目标受众。这种营销模式不仅提升了品牌的可见度，还加强了用户与品牌之间的互动，进而提高了用户对品牌的忠诚度。抖音的这种模式突破了传统广告的限制，实现了品牌信息高效传播，是新媒体运营中品牌推广的典范。

第三，抖音的国际化市场策略使抖音成为一个国际化的新媒体平台。这种全球视野使抖音不仅吸引了多样化的用户群体，还吸引了全球品牌的关注。通过不断本土化和全球化的策略，抖音建立了跨文化交流平台，促进了全球文化的交流。国际化不仅增强了抖音在全球市场的影响力，也为新媒体运营提供了国际化发展的范例。

4. 抖音作为新媒体运营平台面临的挑战

第一，内容监管是抖音面临的重大挑战之一。随着用户数量的激增，内容监管成为一项复杂且艰巨的任务。抖音需要在保持内容多样性和创新性的同时，有效审查和控制不当内容，如虚假信息。这不仅是技术问题，也是伦理和法律问题。如何在尊重言论自由和保护用户安全之间找到平衡点，是抖音需要解决的重要问题。此外，随着全球数据保护法规的完善，在不同法域内有效实施内容监管，也是抖音面临的重要挑战。

第二，用户留存和活跃度维持也是一项重要挑战。尽管抖音用户增长迅速，但长期留存这些用户，并保持他们的高活跃度，是一个复杂的问题。在竞争激烈的社交媒体市场中，用户注意力分散，对新鲜感的需求强烈。因此，抖音需要不断创新，以吸引和留住用户。同时，抖音平台需要通过优化用户体验、提高用户参与度和提供更加个性化的服务来提高用户忠诚度。

第三，抖音目前主要依赖广告和品牌合作。这一模式虽然已取得成功，但也存在局限性。在数字经济和新媒体环境快速发展的背景下，抖音需要探索更多元化的商业模式，以适应不断变化的市场和用户需求。例如，可以考虑增加电子商务、虚拟货币和其他新收入渠道，以提高商业模式的可持续性和抗风险能力。

第四，跨文化营销是抖音在国际化发展中面临的一大难题。作为一个国际化平台，抖音需要在不同文化和市场中找到适当的定位。这不仅涉及本地化内容开发，还涉及对不同文化差异的理解和尊重。如何在全球化和本地化之间取得平衡，是抖音在国际化发展过程中需要解决的关键问题。抖音需要具备灵活的运营策略和敏锐的市场洞察力，以便在不同文化环境中实现有效的内容分发和市场营销。

（二）快手

快手作为移动互联网时代的产物，已迅速成长为中国短视频行业的重要平台。快手不仅在技术创新和市场策略上有独特之处，也深刻地反映了当代中国互联网文化的多样性和社会价值。在新媒体环境下，快手不仅仅是一个内容分享的平台，更是一个促进文化交流、加强在线社区互动的平台。快手的案例为人们研究新媒体运营提供了独特的视角，尤其是在理解数字时代社交媒体与用户互动关系的复杂性方面。

1. 平台特点

快手最显著的特点是对中国文化和草根创意的深度挖掘。这不仅是技术革新的体现，也是对社会文化现象的一种全新诠释。在传统的媒体平台中，高端、精英化的内容往往占据主导地位，而快手的兴起打破了这一格局。快手通过鼓励普通用户分享自身的生活经验、观点和创造，将日常生活美学和草根文化带入了公众视野，这在新媒体运营领域是一种创新的下沉市场策略。快手的这种策略，从新媒体的角度来看，强调了内容的真实性和多样性。这种真实性不仅指内容本身的真实，还包括真实反映多元文化和社会阶层的多样性。在快手平台上，每个人的声音都有机会被听见，这种包容性是快手区别于其他社交媒体平台的关键。快手的成功在于快手能够触及社会的不同层面，不论是城市的白领还是农村的农民，都能在快手平台上找到自己的位置和听众。

在技术层面，快手的成功归功于先进的 AI 算法和内容推荐策略。与其他平台常见的基于用户历史行为的个性化推荐不同，快手的算法更加注重内容的多样性和平等性。这种内容推荐策略不仅增加了用户发现新内容的机会，也促进了多元化观点的交流。在这种内容推荐机制下，内容生产者无须拥有数百万粉丝，也能获得相对公平的曝光机会，这在新媒体运营中是一种重要的去中心化趋势。

快手在商业模式上也展现出独特的创新。快手将直播和电商打造成社交电商的商业模式，为用户提供了新的购物体验。这种商业模式不仅为内容创作者提供了新的收入来源，也为品牌和商家开辟了新的营销渠道。在这个模式下，传统的广告推广方式被转化为更加互动和个性化的广告推广方式，这在新媒体运营中是一种前瞻性的商业创新。快手通过鼓励用户互动（如参与挑战、话题讨论等），建立了一个强大的在线社区。这种社区不仅促进了用户间的交流，也提高了用户对平台的忠诚度。在新媒体运营中，在线社区的力量不容小觑，是维持用户留存和活跃度的重要驱动力。

2. 平台定位

快手不只是一个内容分享平台，更是一片文化交流的热土。快手为每个普通人提供了成为"网红"或"影响者"的机会。快手这种开放性和平等性的文化定位，不仅是对传统媒体模式的一种挑战，也是新媒体运营的一种创新。快手的这种定位体现了内容创作的去中心化。在快手平台上，每个用户都有可能成为内容创作者和传播者，这种去中心化大大增强了内容的多样性和用户的参与感。与此同时，快手也体现了用户生成内容的强大力量。通过鼓励用户创作和分享内容，快手不仅提高了用户参与度，也丰富了平台的内容。快手的文化定位还体现了社群营销。快手通过建立强大的在线社区，促进了用户间的互动和共鸣。这种以在线社区为中心的运营策略，不仅提高了用户黏性，也为商家提供了深入用户群体、提高用户对品牌的忠诚度的机会。快手的用户不仅是内容消费者，也是内容的共同创作者和传播者。

3. 快手作为新媒体运营平台的优势

在新媒体运营领域，快手展现出的优势不仅在于技术和市场策略，也在于新的在线社区建设模式、商业变现方式和跨界融合能力。

快手的核心优势之一是新的在线社区建设模式。快手不仅仅是一个内容发布平台，更是社交媒体生态系统的缩影。通过增加在线社区元素，如话题挑战和用户互动，快手成功地构建了一个强大的用户在线社区。这种社区建设模式体现了社交媒体参与度的重要性。快手用户不仅仅是内容消费者，还是活跃的内容创作者和传播者。快手通过鼓励用户参与话题讨论、发起挑战和分享生活状态，有效地提高了用户黏性和平台活跃度。在线社区建设模式在新媒体运营中是非常关键的，直接关系到用户留存率和用户对品牌的忠诚度。

快手的商业变现模式也是一个显著的优势。快手通过直播带货和用户打赏等方式，不仅为内容创作者提供了收入来源，还为品牌和商家开辟了新的市场营销渠道。这种商业模式体现了社交电商的特点，把社交媒体的互动性和电子商务的便利性结合起来，为用户提供了一种全新的购物体验。在这个模式下，消费者可以直接在观看内容的同时进行购买，这种即时性和互动性大大增强了购物的吸引力。此外，这种模式还为商家提供了一种新的影响力营销途径。商家通过与内容创作者合作，能够直接接触到潜在消费者。

快手在跨界融合和内容创新方面的努力也是显著的优势之一。通过与电影、电视等领域的合作，快手成功地打造了跨界内容，为用户提供了独特的娱乐体验。这种跨界融合不仅增强了内容的多样性，也扩大了快手的受众群体。例如，快手通过与电影制作团队合作，为用户提供了电影幕后的独家内容，这不仅丰富了用户体验，也为电影宣传提供了新的渠道。这种跨媒体内容策略在新媒体运营中越来越重要，可以帮助平台吸引更多具有不同兴趣和背景的用户。

4. 快手作为新媒体运营平台面临的挑战

内容监管是快手面临的主要挑战之一。作为一个以用户生成内容为核心的平台，快手必须在保持内容的自由和真实性与遵守法律法规、社会道德标准之间找到平衡。这涉及复杂的内容治理问题。快手需要建立有效的内容审核机制来监测和管理可能存在的违规内容，也要确保这一过程不会过度干预用户的创意自由。内容监管是一项复杂的任务。过度的内容审查可能会抑制用户的创造力和参与度，而不足的审查又可能导致不良内容的传播。快手应把握好内容审查。

用户隐私和数据安全是随着平台用户量增长而日益突出的问题。快手在处理海量用户数据时，必须确保数据的安全性和隐私安全。这不仅是一个技术问题，也是一个数字伦理问题。快手需要采取强有力的数据加密和安全措施，防止数据泄露和滥用。同时，快手需要遵守国内外日益严格的数据保护法规，如《一般数据保护条例》（General Data Protection Regulation, GDPR），这对快手的国际化发展尤为重要。

面对激烈的市场竞争和品牌定位的挑战，快手需要不断创新，同时保持品牌特色。在多变的市场环境中，快手必须进行战略性适应，以应对来自其他短视频平台和社交媒体的竞争。快手需要不断寻找新的增长点和用户群体，同时保持文化特色。在保持核心价值的同时，快手还需要了解市场的发展趋势和用户的新需求。

（三）哔哩哔哩

哔哩哔哩（B站）是中国领先的新媒体运营平台，其成立背景和发展历程体现了新媒体行业的繁荣和创新。B站于2009年成立，最初是以动画、游戏为主的二次元弹幕视频网站，如今已发展成为拥有庞大用户群体和多元化内容的综合性互动社区。B站的崛起不仅改变了中国的在线娱乐格局，也在新媒体领域引领了一股创新浪潮。

1. 平台特点

B站弹幕引领了互联网视频的互动模式。弹幕是一种实时评论系统。观众可以在观看视频的同时发送文字弹幕，这些弹幕会以不同颜色在视频上滚动显示，实现了实时互动和即时反馈。B站的这一特点不仅增强了观众的参与感，也为新媒体运营者提供了与观众直接互动的机会。通过弹幕，观众可以表达情感、提出问题、互相交流，这种社交性的互动提高了用户黏性。

B站已经从最初的二次元动画和游戏领域扩展到了影视、音乐、科技、生活等多个内容领域，形成了多元化的内容生态。这使B站成为一个综合性媒体平台，吸引了不同领域的创作者和观众。对于新媒体运营者来说，这意味着他们可以根据目标受众的需求和兴趣，选择合适的内容领域进行创作，扩大观众群体，实现更广泛的传播。

B站构建了一个创作者生态系统，致力于支持和激励创作者创作。

该平台为创作者提供了多种创收机制，如打赏、会员付费、虚拟礼物等。创作者生态系统激发了创作者的创造力，调动了他们的创作积极性，使他们能够通过自己的创作获得经济回报。新媒体运营者可以通过深入了解创作者生态系统，建立合作关系，制订创收策略，实现可持续的内容创作和经营。B 站建立了社交互动机制，具有关注、点赞、评论等功能，还有专属的"粉丝勋章"和等级制度。社交互动机制加强了用户之间的社交联系，也加强了用户与 UP 主（uploader，即上传者）之间的互动。此外，B 站的粉丝经济生态系统为新媒体运营者提供了额外的创收渠道。观众可以购买虚拟礼物，送给自己喜欢的 UP 主，从而支持他们的创作。这种粉丝经济提高了用户的忠诚度，也为新媒体运营者提供了收益来源。

2. 平台定位

B 站的核心定位是构建以年轻受众为主体的新媒体平台，这一定位凸显了 B 站对当代数字文化和媒体生态的深刻理解。B 站不仅仅是一个内容分享平台，也是一个文化共同体，这一点体现在 B 站对用户生成内容的重视上。在 B 站，用户不只是内容消费者，也是内容创作者和传播者。通过强化用户的归属感和社区认同，B 站成功地将用户转化为社群的活跃参与者。这是新媒体运营中的社群运营模式，不仅提高了用户黏性，还提高了用户对品牌的忠诚度。

在新媒体环境下，B 站的运营策略具有显著的内容社群化特征。这种策略不仅聚焦内容的生产和传播，也重视内容在用户社群中产生互动和共鸣。这种以用户为中心的运营模式是当今新媒体运营领域的重要趋势之一。

3. B 站作为新媒体运营平台的优势

第一，B 站的高用户忠诚度是核心优势之一。在新媒体环境中，用户忠诚度是衡量平台成功的关键指标之一。B 站通过构建用户参与感和归属感强烈的在线社区，有效地提高了用户留存率和活跃度。较高的用户忠诚度得益于 B 站的社群运营策略和用户互动机制。B 站不仅鼓励用户创作内容，还通过强化用户间的交流和互动来增强在线社区的凝聚力。这种策略在新媒体运营中极为重要，直接关系到用户对平台的黏性和忠诚度。

第二，B站的品牌身份非常独特。在当今多元化的媒体环境中，拥有鲜明的品牌身份对吸引并保持目标受众至关重要。B站的品牌形象清晰且具有辨识度，特别是在年轻人中。这种品牌身份的确立不仅帮助B站在市场营销和品牌合作中脱颖而出，还增强了B站在竞争激烈的新媒体市场中的竞争力。B站通过独特的品牌语言和视觉风格，成功地树立了一个与众不同的品牌形象。

第三，内容创新和多样性也是B站的一大优势。在新媒体时代，内容为王。B站通过鼓励和支持各种形式的内容创新，构建了一个内容多样化的生态系统。B站的内容不仅包括不同类型的视频内容，还包括用户自主创作的各类新颖内容。这种内容策略不仅吸引了广泛的受众群体，还为广告商和品牌合作伙伴提供了更多的营销机会。

4.B站作为新媒体运营平台面临的挑战

第一，内容审核和平台治理是新媒体运营中的一大挑战。随着内容生产者和消费者的不断增加，确保内容的合规性和质量成为一项艰巨的任务。对于B站这样的用户生成内容平台来说，平衡用户自由表达与内容监管，是一个持续存在的问题。此外，过度依赖用户生成的内容可能导致内容质量参差不齐，这不仅会影响用户体验，还可能引发品牌信任危机。总之，B站应做好内容监管。

第二，用户增长的放缓和市场饱和也是B站面临的问题。随着新媒体市场的日益成熟，吸引新用户变得越来越困难。对于B站这样的平台来说，维持用户持续增长，特别是在核心用户群体已经较为稳定的情况下，是一个重要的战略问题。同时，市场饱和也意味着竞争的加剧。B站需要不断创新，以保持市场地位和吸引力。

第三，广告和商业化是新媒体平台的双刃剑。虽然广告是B站收入的主要来源之一，但如何在不干扰用户体验的前提下实现有效的商业化，是一个需要认真考虑的问题。过度商业化可能导致用户体验下降，影响用户黏性和忠诚度。

三、知识分享平台

（一）知乎

知乎成立于 2010 年，是中国的主要知识共享平台之一。知乎的成立初衷是构建一个高质量的问答社区，使人们能够分享知识、经验和见解，搭建起一个知识和智慧的桥梁。随着时间的推移，知乎不仅在用户数量上实现了爆炸性增长，也在中国新媒体领域占据了举足轻重的地位。知乎以独特的用户群体、高质量的内容和深度互动的社区特点，成为新媒体运营的重要平台。

1. 平台特点

在新媒体运营领域，知乎以独特的运营策略和平台特色，展现出了非凡的创新实力。

第一，知乎实施精细化内容质量控制策略。这不仅是对优质内容优先原则的坚持，也是对算法和社区治理机制的深度应用。知乎利用自然语言处理技术，结合用户行为分析，不仅在内容推荐系统中实现了个性化定制，还在内容监管上实现了高效的过滤和管理。知乎在维护健康社区生态的同时，防止了错误信息和低质内容的扩散，确保了平台内容的权威性和可信度。这体现了知乎对内容质量的高度重视，以及在技术和在线社区管理上的创新。

第二，知乎的内容形态的创新融合是非常值得关注的。知乎不局限于传统的问答模式，而将专栏、视频、直播等多种媒介形式整合到一个平台上，构建了一个多元化的内容生态系统。这种融合策略不仅丰富了用户的消费选择，还为内容创作者提供了广阔的表现平台。从新媒体运营的视角来看，这种多元化的内容形态对吸引不同用户群体至关重要。

视频和直播等能够直观、生动地展示信息，专栏能提供深度分析和思考。平台内容的多样性不仅提高了用户的参与度和互动性，也为平台长期发展和提升用户黏性提供了强有力的支持。

第三，构建了基于兴趣和专业知识的在线社区。知乎通过"圈子"和"话题"等功能，构建了一个基于兴趣和专业知识的在线社区。知乎不仅仅是一个简单的用户聚集平台，更是一个知识共享和交流的在线社区。这种以兴趣和专业知识为核心的在线社区，在新媒体运营中展现了独特的价值，不仅加强了用户之间的联系，还促进了跨领域知识的融合和创新。在新媒体运营中，在线社区的构建和维护是至关重要的。知乎通过构建在线社区，不仅提高了用户的参与度和忠诚度，还创造了积极、健康的讨论环境，促进了知识的深度交流和扩散。

2. 平台定位

知乎的核心定位为知识分享社区。知乎通过平台的设计成功地联结了用户与信息，这是知乎在新媒体领域的显著优势。知乎利用了用户生成内容的模式，鼓励用户分享他们的知识和经验，从而构建了一个自给自足的知识生态系统。这种运营模式不仅促进了知识的积累和传播，还提高了内容的多样性和质量。进一步来说，知乎在构建高效的知识传递和分享平台方面采用了社群运营策略。通过设置话题圈子、问题标签等功能，知乎根据用户兴趣和专业领域对用户进行了划分，促进了目标受众之间的深入交流。这种精准定位和较高的用户参与度是知乎在新媒体平台中脱颖而出的关键因素。

知识共享社区的成功在很大程度上依赖知乎的社区治理和内容质量控制机制。知乎在这方面做得非常出色，通过算法推荐和社区监督相结合的方式，有效地提高了内容的相关性和可信度。这不仅提升了用户的体验，也提高了平台的整体价值。此外，知乎作为一个知识分享平台，还特别强调了内容的深度与专业性。与其他侧重娱乐化的新媒体平台相比，知乎更注重深度内容和专业知识的分享。这种运营策略不仅吸引了大量专业人士和知识分子，也使知乎在众多新媒体中树立了独特的品牌形象。

综上所述，知乎通过独特的定位和运营策略，在新媒体领域建立了一个高效的知识分享和交流平台。知乎的成功在于有效地将用户、内容和技术结合在一起，构建了一个既有内容深度又有广泛影响的知识社区。

3.知乎作为新媒体运营平台的优势

知乎聚集了一大批高学历、高收入的用户，这对品牌定位和精准营销具有重要意义。在新媒体营销理论中，这种用户被视为意见领袖和市场影响者，在消费决策和品牌认知中扮演着关键角色。这种用户群体不仅能给平台带来高质量的内容，也为广告主和品牌提供了高价值的营销目标群体。

知乎在内容营销方面具有天然的优势。在传统的内容营销策略中，创作引人入胜且有价值的内容是成功的关键。知乎通过问答和专栏等，为用户提供了一个理想的平台，使内容创作者能够直接与受众进行互动，加深用户对品牌或产品的了解和认识。知乎的互动性和内容深度是其他新媒体平台难以比拟的。用户对品牌的忠诚度和购买意愿往往与品牌提供的内容质量正相关，知乎在这方面表现尤为突出。

再来看社群运营能力，知乎的社区功能使知乎成为社群运营的理想平台。在当前的新媒体环境中，社群运营是提高品牌知名度和用户黏性的关键。知乎通过丰富的社区功能，如话题圈子、私信交流等，为用户提供了一个交流和分享的平台。这种社群互动不仅促进了用户之间的联系，也为品牌提供了深入了解和影响目标客户的机会。在这样的平台上，品牌可以通过参与讨论、解答问题等方式，与用户建立信任关系，从而提升品牌形象和用户忠诚度。

知乎的平台策略也是成功的关键因素之一。知乎采用的算法推荐和内容审核机制确保了内容的高质量和相关性，这对维持用户良好体验和吸引新用户至关重要。在新媒体营销中，用户体验被视为品牌成功的关键。良好的用户体验不仅能提高用户的参与度和满意度，还能促进口碑传播，给品牌带来更多的潜在客户。

4. 知乎作为新媒体运营平台面临的挑战

知乎作为新媒体运营平台，在内容生成、用户互动和商业化方面面临一些挑战。

从内容的角度来看，知乎的内容生成主要依赖用户的自发贡献。这种内容生成模式虽然能够产生高质量和深度的讨论，但也面临内容更新速度慢和高质量内容不足的问题。与此同时，由于知乎的问答机制，内容的多样性和娱乐性相对有限，这可能导致用户黏性下降。在快速消费的新媒体环境下，这种内容生成模式可能会影响平台的用户增长和活跃度。

在用户互动方面，知乎的交流形式较为单一，主要是问答和评论。这种交流模式虽然有利于深度交流，但在加强用户间的即时互动和提高用户参与度方面存在局限性。与其他社交媒体平台相比，知乎在促进用户之间的即时互动和营造在线社区氛围方面稍显不足。

从商业化角度来看，知乎的变现模式主要依赖广告和付费内容。然而，由于内容更新速度和多样性的限制，广告投放的有效性可能受到影响。同时，知乎的付费内容需要高质量保证，这对内容创作者提出了更高的要求。这种商业化模式在竞争激烈的新媒体市场中面临较大的挑战。

新媒体运营越来越重视数据驱动和用户行为分析。知乎在这方面还有很大的提升空间。例如，通过深入分析用户数据，知乎可以更精准地进行内容推荐，提高用户的参与度和满意度。此外，利用大数据和人工智能技术，知乎可以优化其算法，以提高内容质量和用户互动的效率。

知乎作为新媒体运营平台虽然有独特的优势，但也面临一些挑战。面对这些挑战，知乎需要不断优化平台策略，利用新的技术和数据分析工具，提升用户体验和商业化效果。通过这样的努力，知乎能够更好地适应快速变化的新媒体环境，实现可持续发展。

（二）小红书

小红书自 2013 年成立以来，已经成为中国乃至全球知名度较高的新媒体平台。作为一个结合社交网络和电子商务的综合性平台，小红书主要面向年轻、追求时尚的用户群体。小红书独特的内容生产和分享，尤其是在美妆、时尚、旅行等领域的专业知识和经验分享，为用户提供了丰富的信息来源和灵感。小红书在新媒体运营中展现出的是一种社区驱动型商业模式，这种模式强调用户生成内容的重要性和社区的活跃度。通过鼓励用户分享个人的日常生活经验和购物体验，小红书平台促进了用户参与和内容扩散。这种运营模式是提高用户黏性和用户对品牌的忠诚度的有效方式。

1. 平台特点

在小红书上，用户可以自由地发布各种原创内容，如商品评价、旅行日记、美妆教程等。这些内容大多富有个人色彩和真实感，使得平台的内容更具吸引力和可信度。在新媒体运营领域，内容的真实性和个性化是吸引新用户和保持用户黏性的关键。小红书通过独特的内容审核机制确保了这一点。该平台的内容管理严格，旨在维护在线社区的健康和秩序。这种内容管理不仅保证了内容的质量，还提升了用户体验，使品牌和用户建立起信任关系。

小红书的算法优化对提升用户体验同样至关重要。通过小红书精准的数据分析和个性化推荐，用户可以根据自己的兴趣爱好找到相关内容。这种基于兴趣的内容推荐机制有效地提升了用户黏性，也提高了内容的传播效率。从运营角度看，这不仅提高了用户的活跃度，还给平台带来了很高的用户留存率和参与度。小红书利用标签和话题功能来聚合内容，这在新媒体运营中是一个重要的策略。通过创建和推广特定的话题或标签，小红书平台能够组织和展示内容，促进在线社区内的互动和讨论。这不仅加强了用户互动，还提高了内容的可见性，从而增加了用户在平台上的停留时间。

　　小红书的商业模式也是成功的关键因素之一。将社交网络和电子商务相结合，小红书为品牌提供了独特的市场入口。用户在小红书平台上的内容分享不局限于个人经验，还涉及商品推荐和评价。这为品牌提供了直接与潜在消费者互动和影响他们购买决策的机会。小红书的这种商业模式是促进电商销售的有效途径。

　　小红书在新媒体运营中还体现了对流量和用户行为的细致分析。通过持续的数据分析和用户行为研究，小红书能够对运营策略进行及时调整，以适应不断变化的市场和用户需求。这种对数据和用户行为的关注使得小红书能够在竞争激烈的新媒体环境中保持领先地位。小红书通过社区驱动的商业模式、严格的内容审核机制、精准的算法优化和个性化推荐、对品牌和用户行为的深入了解，以及在提高用户黏性、加强社区互动和推动电子商务发展方面的策略，为新媒体运营提供了宝贵的经验和启示。

　　2.平台定位

　　小红书的市场定位体现了生活美学化的新媒体运营理念。这种理念不仅仅是将平台作为商品交易的场所，更重要的是创造一个文化和生活方式的共享空间。在小红书平台，用户的每一次分享不仅是信息的传递，也是追求生活品质的体现。这种对生活美学的强调使得小红书在众多新媒体平台中独树一帜，吸引了一大批追求高品质生活的年轻用户。

　　小红书的市场定位还体现了对品牌故事化的深刻理解。在现代营销中，消费者不仅购买产品，也购买产品背后的故事和价值观。小红书通过鼓励用户分享个人体验和故事，为品牌提供了展现品牌价值观和故事的平台，从而引发用户共鸣，提高用户对品牌的忠诚度。

　　小红书的市场定位突破了传统电商平台的局限，体现了社群经济的趋势。在小红书平台，每个用户不仅是内容的消费者，也是内容的创作者和传播者。用户通过分享个人故事和体验，产生了强大的社群共鸣。这种社群的力量在新媒体运营中极为关键，使得品牌营销不再依赖单向的信息推送，而是通过社群的传播和口碑效应来实现。

从战略角度来看，小红书的市场定位体现了细分市场深耕的智慧。小红书没有盲目追求覆盖所有用户群体，而专注于年轻、追求时尚和生活品质的用户。这种精准的目标市场选择，使得小红书能够有效地满足用户群体的特定需求，从而提高用户对品牌的忠诚度和平台的市场影响力。

3. 小红书作为新媒体运营平台的优势

小红书在新媒体运营领域的成就，特别是在内容营销方面的表现，是显著的。小红书平台倡导的用户生成内容策略，紧密结合了用户的日常生活经验分享与情感表达，创造出一种具有高度共鸣和信任感的内容生态。这种以用户经验为核心的内容生产方式，充分体现了消费者中心主义的营销理念。通过这种内容生产方式，小红书有效地提升了用户对品牌信息的接受度，也加强了用户与平台之间的情感联结。小红书平台上多样性和高质量的内容，不仅满足了用户的个性化需求，也增加了用户在平台上的停留时间，提高了用户活跃度，从而实现了用户黏性最大化。

在社群营销领域，小红书同样展现了独特的战略眼光。该平台内的社群不仅活跃度高，参与感强，还产生了独特的文化和价值观共鸣。这种社群的凝聚力为品牌提供了理想的互动和传播环境，使得品牌信息的传播更加深入和广泛。社群中口碑的形成和传播，增强了品牌信息的有效性和影响力。社群的用户参与度和活跃度是提高用户对品牌的忠诚度的关键因素。

小红书在品牌合作和影响力营销领域的表现也值得特别关注。该平台上的关键意见领袖和网红通过他们的个人影响力，成为品牌传播的重要力量。这些关键意见领袖和网红的推荐和评价，不仅提升了产品和品牌的可见度，也增强了产品对用户的吸引力。在当前的新媒体环境下，利用关键意见领袖和网红的影响力进行营销，已成为一种高效的营销策略。因为这种营销策略能够有效地利用社交网络中的信任和权威机制，实现品牌信息的有效传播和用户的情感共鸣。

小红书的跨界融合策略也是成功的重要因素。这种策略不仅仅是将社交网络与电子商务相结合，更是在这两者之间建立了一种协同的关系。这种跨界融合策略创造出了一个既能满足用户社交需求又能提供便捷购物途径的多元化平台。用户在进行社交互动的同时，能轻松完成购物。这种运营模式极大地提升了用户体验和商业效率。这种模式的成功不仅体现了小红书对市场和用户需求的深入了解，也体现了小红书在新媒体运营中的创新能力和战略眼光。

第四章　新媒体运营策略

本章对新媒体运营策略进行深入研究，旨在提供全面的理论框架和实践案例。通过对平台选择策略、内容生产策略与营销策略的系统性探讨，本章不仅阐释新媒体运营的复杂性，也揭示新媒体运营潜在的机遇与挑战。此外，对用户行为的分析以及对法律法规与伦理问题的考量，有利于新媒体运营者进一步丰富对新媒体运营环境的理解。

第一节　平台选择策略

一、业务目标与平台特性匹配

在新媒体运营领域，业务目标与平台特性的匹配是实现有效传播和营销目标的关键。业务目标是企业为实现长期愿景和使命而设定的具体、可衡量的目标。这些目标通常是企业战略计划的核心组成部分，旨在指导和激励企业的日常运作。在新媒体运营领域，业务目标是指企业在使用新媒体平台（如博客、微信、抖音等）进行市场推广、品牌建设和客户互动时追求的具体、可衡量的成果。这些目标通常包括提高品牌知名度、提高用户参与度、促进销售和提高客户满意度等。具体来说，新媒体运营的业务目标可能包括以下几方面。

第一，提高品牌曝光度。提高品牌在目标受众中的知名度和可见性，例如，增加社交媒体平台的粉丝数量或增加帖子的观看次数。

第二，提高用户参与度。加强目标受众与品牌内容的互动，如点赞、评论、分享和转发，以加强品牌与消费者之间的联系。

第三，增加网站或应用的流量。通过新媒体平台吸引更多用户访问企业的官方网站或应用。

第四，促进销售。通过新媒体营销活动直接或间接地提高产品或服务的销售量。

第五，提高客户满意度和忠诚度。通过社交媒体渠道为客户提供支持和服务，达成提高客户满意度和忠诚度的目标。

第六，收集市场数据和消费者数据。利用新媒体平台的互动和反馈功能，收集市场数据、消费者需求和偏好数据。

第七，内容营销和品牌故事叙述。通过高质量的内容发布，讲述和传播品牌故事，以树立良好的品牌形象，提高品牌声誉。

第八，创新产品推广。使用新媒体工具为新产品或服务的推广开辟新的途径。

上述目标需要根据企业的具体情况和市场环境制定。同时，企业要考虑新媒体平台的特点和目标受众的偏好。通过设定和实现这些目标，企业可以在快速变化的数字媒体环境中保持竞争力，有效地与目标受众建立和维持联系。

议程设置理论指出，媒体的重点内容会影响公众认为重要的议题。在中国，微信作为一个广泛使用的社交平台，对品牌议程的塑造尤为关键。例如，"腾讯公益"通过微信平台的广泛传播，成功地将社会责任议程融入公众讨论，这不仅提升了腾讯的品牌形象，也增强了腾讯在公众心中的社会责任感。这表明，选择与企业议程相符的平台，可以有效提升品牌议程在公众心中的地位。通过定期发布关于社会责任的内容，腾讯在微信用户中树立了积极的品牌形象。这种运营策略利用了微信的广泛用户基础和互动性，有效地推动了企业的社会责任议程。

根据传播生态理论，新媒体运营者应考虑整个传播生态系统中各元素的相互作用。以阿里巴巴集团为例，其成功的运营策略不是仅仅依赖单一的电商平台，如淘宝和天猫，而是整合了微博、微信等社交媒体进行品牌推广和客户互动。这种跨平台的整合策略有效地扩大了阿里巴巴集团的市场影响力，体现了不同平台的协同作用。阿里巴巴集团通过在不同平台上发布互补的内容，树立了多维的品牌形象，吸引了不同用户群体的注意力，并通过各平台的特定功能促进了用户的互动和参与。

在 AIDA 理论的指导下，新媒体运营者可以有效地引导消费者的决策过程。以小米科技有限责任公司为例，该公司利用微博和微信平台发布新产品信息，吸引用户的注意力；然后利用论坛和博客深入介绍产品特点，激发用户兴趣；通过限时抢购和用户评价激发用户购买欲望；最终通过易用的电商平台促进用户购买，完成行动的最后一步。这一策略的成功体现了 AIDA 理论在新媒体运营中的实际应用。小米科技有限责任公司在各个阶段都巧妙地利用了不同平台的特点，例如，利用社交媒体的即时性和互动性来吸引用户注意力、激发用户兴趣，利用电商平台的便利性来促进用户购买产品。

在新媒体运营的实践中，了解并应用新媒体平台的特性对实现企业的短期业务目标和长期目标至关重要。企业应仔细分析不同媒体平台的功能和目标受众，以便更有效地实施传播策略。社交媒体平台，如微信和微博，在中国市场非常重要，因为它们不仅具有很大的覆盖范围，还为企业提供了与用户互动和树立品牌形象的机会。例如，微信的朋友圈和公众号功能允许企业发布定制内容，直接与目标受众互动，这有助于企业提高用户对品牌的忠诚度，增强用户的在线社区归属感。微博以即时性和热点话题功能而闻名，使企业能够迅速响应市场动态，影响公众对品牌和产品的看法。

电商平台，如淘宝和京东，由于其直接销售功能和广泛的市场接触，成为促进销售和提高市场占有率的理想选择。这些平台能提供详细的产品信息和用户评价，有助于消费者做出购买决策。此外，电商平台的搜索引擎优化和个性化推荐算法也为目标市场的精准营销提供了机会。

了解目标受众的心理是新媒体运营的核心。不同的用户群体对内容的偏好和反应各不相同。年轻用户群体可能更倾向于选择图像和视频内容，这些内容易于消费和分享，能够快速传播。成熟一些的用户群体可能更倾向于选择详细的文字描述和深入分析，寻求更多的信息和背景知识来支持他们的购买决策。例如，一些品牌可能在 B 站上发布创意视频内容来吸引年轻受众，同时在更传统的媒体平台上发布详细的产品分析和评论，以吸引更成熟的消费者。

新媒体运营的成功在很大程度上取决于业务目标与平台特性的匹配，以及在整个传播生态系统中运营策略的有效实施。制订出有效的运营策略来实现业务目标，不仅要对不同平台特性进行深入了解，还需要对目标受众的行为、偏好和心理进行分析。

二、目标用户群分析与平台选择

在新媒体运营环境中，目标用户群的精确分析和平台选择的明智决策是实现营销目标的关键因素。了解目标用户群不仅包括了解他们的基本人口统计学特征（如年龄、性别、地域等），也包括了解他们的行为习惯、偏好以及互联网使用模式。这些信息能帮助新媒体运营者在纷繁复杂的新媒体平台中做出明智的选择，实现精准营销。在新媒体运营领域，准确分析目标用户群并选择合适的平台是实现有效沟通和营销的关键。这要求新媒体运营者不仅要深入了解用户的行为和心理特征，还要考虑各种媒体平台的特性及其与用户需求的契合度。

以中国知名电商平台拼多多为例，其成功在很大程度上归功于对目标用户群的深入分析和了解。拼多多的核心用户群主要集中在三线及以下城市，他们的特点是对价格敏感、喜欢社交购物和参与团购。拼多多通过分析这些用户的行为模式，发现他们倾向于通过社交网络分享和推荐产品。因此，拼多多重点利用微信这一社交平台，结合拼团购物模式，吸引了大量用户。这种运营策略的成功正是基于对目标用户群的深入了解和明智的平台选择。

用户行为分析侧重于分析用户在新媒体平台上的活动模式，如浏览习惯、内容偏好、购买行为等。心理分析进一步探究用户的需求、动机和决策过程。例如，使用与满足理论可以帮助新媒体运营者了解用户选择特定媒体平台的原因，揭示用户的需求如何驱动他们的媒体使用行为。在拼多多平台上，用户的需求是获得较低价格的商品，用户选择拼多多平台的原因是该平台为用户提供了满足这一需求的机会。

新媒体运营者在进行平台选择时，除了要考虑目标用户群的在线行为和偏好，还需要考虑平台的特性。例如，平台用户基数、内容、互动方式和技术支持等都是重要的考虑因素。年轻用户可能更倾向于选择互动性强的平台，如小红书或抖音，而专业人士可能更多地使用微博或微信这样的专业社交平台。在新媒体时代，个性化和群体性成为重要的运营方向。个性化平台更加注重为用户提供定制化的内容和服务，而群体性平台则侧重于建立社群和促进用户互动。针对特定爱好者的在线社区可能更适合个性化营销，而面向广泛用户的品牌可能更适合在大型社交网络媒体上进行群体性营销。

绘制精准的用户画像是实现有效新媒体运营的关键。绘制用户画像，需要收集和分析大量数据，对目标用户进行详细分析。在新媒体运营中，运营者运用用户画像，可以精准地定位目标用户，选择合适的媒体平台进行沟通和营销。大数据和人工智能技术在新媒体运营中发挥着重要作用。通过分析大规模用户数据，人工智能技术可以帮助新媒体运营者识别用户的偏好和行为模式，为新媒体运营者进行平台选择提供科学依据。此外，人工智能技术在内容个性化推荐、用户行为预测等方面的应用，也为新媒体运营者提供了新的思路。

在新媒体运营中，对目标用户群的深入分析和对平台特性的准确了解是实现营销成功的关键。通过综合考虑用户的人口统计学特征、行为习惯、心理动机以及平台的特性，新媒体运营者可以做出明智的平台选择决策，从而达到营销目标，实现品牌和用户的匹配。

三、竞争对手平台策略分析

分析并了解竞争对手的平台策略不仅涉及对竞争对手营销活动的了解，还包括深入分析竞争对手平台策略背后的动机和效果。分析竞争对手的平台策略对新媒体运营至关重要，有助于新媒体运营者了解市场趋势、用户偏好以及有效的内容策略。新媒体运营者了解竞争对手如何利用不同平台的特性，可以为自己的运营策略制订提供参考，并有助于避免重复他人的错误，同时学习他人的成功经验。

竞争对手平台策略分析是一项复杂的任务，需要综合运用多种分析工具和策略。以下是进行这类分析的一些关键步骤。

（一）确定分析范围

明确哪些竞争对手和哪些平台需要分析。选择对手时，考虑那些在市场上有显著影响力、销售表现好或者在新媒体运营方面表现突出的品牌。

（二）收集数据

收集竞争对手在各个平台上的数据，如用户互动量（点赞、评论、转发）、发布内容的频率和类型、用户增长率和活跃度、广告投放和营销活动、用户反馈和评价的数据。

（三）分析平台特性

不同的新媒体平台有不同的核心特性和受众群。了解平台特性有助于了解竞争对手如何利用平台特性来增强品牌影响力。

（四）分析内容

深入分析竞争对手的内容策略：他们发布什么类型的内容，内容的风格是什么，内容是否有特定的主题或焦点，内容如何与平台的用户基础和偏好对齐，等等。

（五）分析用户参与和互动

观察用户对竞争对手内容的反应：哪些类型的内容获得最多的互动，

用户反馈是否正面，是否有明显的用户参与模式，等等。

（六）分析竞争对手平台策略优势和劣势

基于以上数据和观察，分析竞争对手在不同平台上的策略优势和劣势。例如，分析竞争对手是否有效地利用了特定平台的算法，提高了内容的可见性和用户参与度。

（七）效果评估

评估平台策略对竞争对手的品牌知名度、市场占有率和销售额的影响。这可能涉及对销售数据、市场报告和用户调研的分析。

（八）提出平台策略建议

基于对竞争对手平台策略的全面分析，提出对自己品牌的平台策略建议。这些建议应该能够帮助自己的品牌更有效地利用不同平台的特性，在竞争激烈的市场环境中获得优势。

竞争对手平台策略分析是一个持续的过程，因为竞争对手的平台策略和新媒体平台都在不断变化。使用专业的社交媒体分析工具和市场研究报告可以提高分析的效率和准确性。分析竞争对手平台策略的长期影响是至关重要的。这包括了解竞争对手平台策略如何影响品牌形象、用户忠诚度和市场份额。通过长期观察和分析，可以识别哪些策略在某个平台持续有效，哪些策略可能只产生短期影响，进而为平台选择提供参考。将分析结果与自己的新媒体平台运营策略进行比较，了解竞争对手的优势和劣势，找出可以借鉴或避免的策略。基于竞争对手平台策略分析结果，制订新的新媒体平台运营策略。考虑改进内容策略、互动策略等，以提高自己品牌的竞争力。竞争对手平台策略分析不是一次性的工作，应定期更新。持续关注竞争对手的变化，不断优化自己的运营策略，以适应市场变化。

在新媒体运营中，深入分析竞争对手的平台策略是不可或缺的。这不仅涉及分析竞争对手的当前活动，也包括了解竞争对手平台策略的长期效果和潜在影响。运用信息扩散理论，可以更好地了解竞争对手如何有效地在新媒体环境中传播信息。

四、新兴平台的潜力评估与早期介入策略

在新媒体运营中，把握新兴平台的发展趋势并及时介入新兴平台，是一项至关重要的战略决策。这不仅需要对新平台的技术潜力和市场吸引力进行准确评估，还需要了解如何通过早期介入获得竞争优势。在此过程中，创新扩散理论能帮助新媒体运营者了解新兴平台被接受和传播的过程。

（一）评估新兴平台的潜力

在新媒体运营领域，新兴平台的技术创新是一个关键因素。判断一个平台是否具有技术颠覆性，需要考虑该平台是否采用了先进技术，如人工智能、增强现实、虚拟现实或区块链。例如，增强现实技术和虚拟现实技术的融合能够为用户提供沉浸式的体验，这在广告和品牌推广中具有巨大潜力。此外，人工智能的应用，如算法驱动的内容推荐和个性化用户体验，也是判断新兴平台潜力的一个关键指标。

有效评估新兴平台的市场需求充实性，涉及分析平台是否填补了市场上的空白。这需要深入了解目标市场的当前需求和未来发展趋势。例如，社交电商平台通过结合社交网络和电子商务的特点，响应了消费者对社交购物体验的需求。此类平台能够为用户提供更加个性化和互动性强的购物体验，从而满足未被充分利用的市场需求。

新兴平台的用户增长潜力也是衡量平台成功的关键因素。这不仅涉及新兴平台当前的用户基数，还涉及平台潜在市场规模和用户增长速度。有效的用户增长分析需要考虑目标受众的覆盖范围、用户获取成本和用户长期留存率。快速增长的用户基数表明新兴平台具有较高的市场吸引力和潜在商业价值。

用户在平台上的参与度是衡量新兴平台吸引力的重要指标。这包括用户的活跃程度、参与形式和互动情况。对用户参与度的深入分析需要

关注用户与平台内容的互动频率、参与讨论的质量以及内容分享的广泛性。用户高参与度通常预示着较高的用户忠诚度和品牌影响力。

评估新兴平台的品牌契合度，需要将企业的品牌形象和市场战略与平台特性相对照。这包括考虑平台的用户群体、文化和市场定位是否与企业的品牌理念相契合。

（二）创新扩散理论在新媒体平台评估中的应用

在新媒体运营领域，创新扩散理论为运营者了解新技术或平台的被接受过程提供了一种理论框架。这一理论最初由社会学家埃弗雷特·罗杰斯提出，强调了评估新技术或平台成功的五个关键因素：相对优势、兼容性、复杂性、可试验性和可观察性。在新媒体环境中，这一理论尤为重要，因为它能帮助新媒体运营者从多个角度了解一个新兴平台的潜力和面临的挑战。

在创新扩散理论中，相对优势指的是新兴平台相比于现有选项具备的明显优势。在新媒体平台中，相对优势可能意味着更高效的用户参与机制、更丰富的多媒体内容呈现或更精准的目标受众定位。了解一个新媒体平台的相对优势，有助于预测平台吸引用户和品牌的能力。

平台兼容性是指平台与潜在用户或市场现有价值观、经验和需求的一致性。例如，一个以视频内容为主的新媒体平台可能会更吸引那些习惯视觉化信息消费的年轻群体。评估一个新平台的兼容性，需要深入了解目标用户的行为习惯和偏好。

平台复杂性涉及平台的易用性和用户学习曲线的陡峭程度。平台的高复杂性可能阻碍用户对平台的接受和对平台活动的参与，特别是在快节奏的新媒体环境中。因此，简化的用户界面和直观的操作流程对新平台的成功至关重要。

平台可试验性指的是用户在完全接受新平台前能够试验新平台的程度。在新媒体领域，这可能意味着新平台要为用户提供免费试用服务、演示版本或其他低风险形式的体验。这样，用户可以在承担较小风险的情况下评估平台的价值和适用性。

平台可观察性是指平台的效果能被潜在用户观察和了解。在社交媒体时代，新媒体平台通过用户分享、推荐和评价等形式的社会证明，可以增强平台的吸引力。一个成功案例的展示或具有较大影响力的用户的推荐可以显著提升新平台的可观察性。

运用创新扩散理论，新媒体运营者可以全面地评估新平台的潜在影响力和市场接受度。通过考察新平台的相对优势、兼容性、复杂性、可试验性和可观察性，新媒体运营者能够做出更加明智的决策，有效地利用新媒体环境中的新兴技术和平台。

（三）早期介入新兴平台的战略意义

在新媒体运营中，早期介入新兴平台具有决定性的战略意义。这不仅是品牌确立市场领导地位的机会，也是深入分析市场和建立关键合作关系的关键途径。

早期介入新兴平台的先发优势远超于简单的市场领先。早期介入新兴平台，能为品牌提供一个独特的机会，使品牌可以影响平台的发展方向。在早期阶段，品牌能够通过内容创新和用户互动来提升品牌权威性和用户对品牌的忠诚度。此外，早期介入新兴平台的先发优势还意味着对平台特有的用户行为和偏好有更深入的了解，使品牌能够设计更符合用户需求的产品和服务。新兴平台早期介入者还可以通过创新的内容和独特的营销策略，树立强大的品牌形象，品牌形象在日后的市场竞争中将成为不可估量的资产。

在新媒体平台上，早期用户反馈是宝贵的市场分析资源。通过分析早期用户的行为模式、偏好和反馈，品牌可以更有效地调整产品和营销策略，以更好地满足市场需求。这种用户分析不仅有助于短期内提高用户参与度和品牌知名度，还能长期指导产品开发和创新。利用社交媒体分析工具和用户行为数据，品牌可以绘制出精确的用户画像，为未来的市场营销活动提供指导。

与新兴平台建立合作关系，特别是在新兴平台发展早期阶段，可以给品牌带来多方面的优势。早期介入新兴平台通常意味着较低的合作成本和更有利的合作条件。此外，品牌可以通过与平台紧密合作，共同开发定制化的功能和服务，这不仅有助于提升用户体验，还能加强品牌与平台之间的联系。随着平台的成长，这种合作关系可能转化为独特的竞争优势，给品牌带来持续的市场影响力。

（四）早期介入新兴平台的风险和挑战

在新媒体运营中，早期介入新兴平台虽然带来了显著的战略优势，但也伴随着一系列风险和挑战。这些风险和挑战需要通过精心制订的策略和连续的市场评估来管理和应对。

市场不确定性是早期介入新兴平台的风险之一。由于市场需求的变化、技术问题或竞争格局的变化等，新兴平台可能未能达到预期的普及度。这种不确定性可能导致品牌初期投资的损失，特别是当品牌在未经充分验证的平台上投入大量资源时。因此，新媒体运营者需要持续监测市场发展趋势和用户反馈，以快速响应市场的变化。企业要在战略规划中具备灵活性，能够在必要时迅速调整投资和资源分配。

在新兴平台和现有平台之间平衡资源和注意力，是早期介入新兴平台的一个关键挑战。资源分配不仅涉及投资，还包括时间、人力和创意资源的分配。在新兴平台过度投入资源可能会导致对现有业务的忽视，而不足的投入又可能导致新机会的错失。因此，制订一项全面的资源分配计划至关重要。新媒体运营者应考虑到不同平台的长期发展潜力和短期回报，以及品牌整体战略目标。

对于品牌而言，新兴平台的技术问题或市场接受度不佳可能会带来显著的品牌风险。例如，如果一个平台因为负面新闻或用户体验问题而声誉受损，与之关联的品牌也可能受到影响。因此，品牌商在选择介入新兴平台时，需要进行全面的风险评估，例如，评估平台技术可靠性、用户数据安全和社会责任记录；同时，建立有效的危机管理机制，制订品牌保护策略，在面临不利情况时迅速做出反应，保护品牌形象。

（五）早期介入新兴平台的策略制订

在新媒体运营领域，早期介入新兴平台是一项复杂且至关重要的战略决策。成功地早期介入新兴平台不仅依赖对新兴平台潜力的准确评估，还需要制订一套周密的策略来最大化收益并最小化风险。

进入新兴平台时，细分市场定位策略不容忽视。精准定位不仅涉及对目标用户群的深入了解，还涉及对用户行为模式、偏好和互动方式的分析。这要求品牌商利用数据分析工具，如社交媒体监听系统和行为追踪系统，深入了解目标用户群体的特点。基于此，品牌商可以开发个性化的内容，制订个性化营销策略，以吸引并留住用户。在新媒体环境中，资源管理的灵活性至关重要。品牌商需要在现有平台和新兴平台之间巧妙平衡资源投入，如时间、预算和人力资源。为此，品牌商要能够根据新兴平台的表现和市场反馈灵活调整营销策略。例如，如果一个新兴平台的用户参与度超出预期，品牌商可能需要迅速增加在该平台的投入，以抓住市场机会。

持续的市场监测是早期介入策略的核心。这涉及对新兴平台的发展趋势、用户反馈和市场动态的实时跟踪。品牌商需要建立有效的监测机制，以及时了解市场变化和用户需求。此外，持续的市场监测还能帮助品牌商识别潜在的风险和威胁，以便及时调整营销策略。在新媒体领域，市场和技术的快速变化要求品牌商具有较强的策略调整敏捷性。这意味着品牌商需要能够快速响应市场的变化，如用户行为的变化、新兴技术的出现或竞争对手的策略调整。敏捷的策略调整不仅有助于品牌扩大在新平台的影响力，还能够确保品牌在快速变化的市场环境中保持竞争力。

对新兴平台的评估和早期介入是新媒体运营的重要环节。利用创新扩散理论和其他相关理论，结合深入的市场分析和敏捷的策略调整，企业可以在新媒体领域获得先发优势，有效管理与新兴平台相关的风险。成功的早期介入策略能够给企业带来显著的品牌优势和市场机遇。

五、多平台协同作用与效益最大化

在新媒体运营领域，多平台协同是实现品牌影响力和市场效益最大化的关键策略。这一策略涉及在多个新媒体平台上统一品牌信息、优化内容传播，以及利用各平台的独特优势来增强整体营销效果。在这个过程中，有效的多平台协同策略不仅扩大了品牌的市场覆盖面，还提高了营销活动的综合效益。

网络理论能帮助新媒体运营者深入了解信息传播机制。这一理论认为，社交网络中信息的传播效果受到网络结构和节点（用户或平台）间连接的影响。在新媒体环境下，这意味着信息的传播不仅依赖内容的质量，还依赖有效地在网络中传递这些内容。

在多平台协同策略中，建立跨平台的连接至关重要。这些连接可以是直接的，如在不同平台上共享相同的内容，也可以是间接的，如通过链接或标签将用户从一个平台引导到另一个平台。这种跨平台连接策略能够显著增强信息的可见性，扩大品牌信息的覆盖范围。根据网络理论，信息在网络中的传播呈现出一定的网络效应。信息的传播速度和范围受到网络节点的数量和质量的影响。因此，品牌商在制订多平台策略时，应考虑最大化这种网络效应，比如，通过关键意见领袖或影响力用户在多个平台上推广内容，以此来增强信息的传播效果。

互联网引流是多平台协同策略的关键组成部分。这涉及使用一个平台上的内容或活动来吸引用户访问另一个平台。例如，品牌商可以在小红书上发布吸引人的视觉内容，并通过链接引导用户前往 B 站观看更详细的视频内容。这种跨平台引流策略不仅能提高用户的参与度，也能增强品牌在不同平台上的综合影响力。在多平台协同策略中，优化社交媒体网络结构是一个关键环节。这涉及了解各个平台的用户网络如何相互作用和影响。品牌商需要分析和确定各个平台上的关键节点，如社交媒体影响者、核心用户群体或其他关键利益相关者。通过在这些关键节点上进行有效的内容部署和互动，品牌商可以更有效地在网络中传播信息。

网络理论在新媒体运营中的应用是多平台协同策略的核心。通过了解和利用社交网络结构，品牌商可以有效地增强信息在多个平台上的传播效果。品牌商不仅要进行跨平台内容共享和互联网引流，还要优化社交媒体网络结构，利用网络效应来增强品牌信息的影响力。在新媒体环境下，成功的品牌是那些能够有效利用社交网络结构和跨平台连接的品牌。

第二节　内容生产策略

本节在前面章节分析国内主流新媒体平台特点的基础上，深入探讨定制化内容策略的关键要素；探讨用户参与和互动策略，阐述促进用户参与的方法，通过案例分析展现有效的用户互动策略。此外，本节通过分析多平台内容管理的挑战和跨平台协同策略，为新媒体内容生产提供一种结合理论与实践、创新与实用的全新视角。

一、内容定制化与平台特点结合

前面的章节已经对国内主要新媒体平台的特点进行了深入的分析，此处不再赘述。

要制订定制化内容策略，首先需要了解什么是定制化内容。简而言之，定制化内容是根据目标受众的兴趣、行为和偏好为受众量身打造的内容。定制化内容策略背后的逻辑是，定制化内容更能激发受众的兴趣，从而提高受众参与度和忠诚度。

在新媒体运营中，制订定制化内容策略，还需要进行深入的受众分析，如分析目标受众的兴趣、偏好、消费习惯和互动方式。通过数据挖掘和分析，例如，使用社交媒体分析工具和客户关系管理系统进行数据分析，新媒体运营者能够收集有关受众的关键信息。这些信息可以用来创作更有针对性和个性化的内容。

内容的原创性和创新性也是定制化内容策略中不可或缺的。创意内容不仅要吸引受众的注意力，还要与品牌的核心价值观和市场定位一致。

制订定制化内容策略，还需要考虑内容多渠道分发。在当今的多屏幕世界中，受众在不同的设备和平台上消费内容。因此，优化内容，以适应不同的媒体格式，是至关重要的。

内容的定期更新同样重要。随着市场的变化和受众需求的变化，定制化内容策略需要不断调整和更新。这不仅涉及内容本身的更新，也涉及分析和优化策略。有效的定制化内容策略需要有明确的评估机制。这意味着新媒体运营者需要定期检查内容的表现，如受众观看次数、参与度等。通过这些数据，新媒体运营者可以评估哪些内容更有效，哪些内容需要更新。例如，通过 A/B 测试，新媒体运营者可以比较不同内容版本的表现，以确定最有效的内容策略。

定制化内容策略的实施也面临挑战。主要的挑战之一是在保护用户隐私的同时收集和使用数据。随着数据保护法规的日益严格，如何在遵守法律法规的前提下有效利用用户数据成为新媒体运营的一个重要课题。此外，定制化内容策略的成功也高度依赖技术的支持。人工智能和机器学习在这方面发挥着关键作用，可以帮助新媒体运营者更准确地预测用户行为，从而创作更加个性化的内容。

总的来说，定制化内容是新媒体运营中一个不可忽视的领域。新媒体运营者需要进行数据分析、创意内容制作，利用先进技术，满足用户的个性化需求，从而提升品牌影响力。新媒体运营者也需要处理好用户隐私保护和数据利用之间的关系，确保合法合规地开展运营。随着技术的不断进步和市场的变化，定制化内容策略也需要不断发展和完善。

二、用户参与和互动策略

在新媒体运营领域，用户参与是衡量成功的关键指标之一。用户参与不仅仅是用户对内容的浏览或点赞，也涉及用户与内容的互动，如评论、分享和参与讨论。尼科莱（Nicolae）等在其研究中强调，新媒体环境下，传统的一向式沟通模型已不足以满足受众的需求，而更加注重双向互动和长期关系建立的沟通模型日益受到重视。[①]

（一）用户参与的理论基础

在新媒体运营领域，了解用户参与的动因是至关重要的。用户参与即用户对特定内容或活动的参与度和互动频率，是衡量新媒体成功的关键指标。可以从心理和社会两个层面来深入分析用户参与。

从心理层面来看，首先，用户参与受到个人兴趣的驱动。这是因为个人兴趣能激发用户的好奇心和探索欲，促使他们更深入地与内容互动。例如，用户可能因为对某个话题的浓厚兴趣而频繁参与相关讨论或活动。其次，认同感也是影响用户参与的一个关键因素。当用户在内容中看到自己的价值观或经历得到反映时，用户更有可能产生共鸣并参与内容讨论。最后，满足感也是驱动用户参与的重要因素。满足感可能来自获取新知识、完成任务或在社交互动中获得正面反馈。

从社会层面来看，用户参与与社交互动密切相关。在社交媒体时代，用户通过分享、评论和参与讨论来建立社交联系，产生社区归属感。这种归属感是用户参与的重要驱动力，因为它满足了用户的社交需求和被社会接纳的愿望。此外，社会认可也是一个不可忽视的因素。用户通过在社交平台上的互动获得认可和赞赏，这种正面反馈进一步激励用户参与和贡献。

① NICOLAE (HALEP) C G, RUS M, TASENTE T. Institutional communication models and strategies adapted to New Media[J/OL]. Ars Aequi, 2023, 12（1）: 190-208[2023-11-06]. https://doi.org/10.47577/10.1234/arsaequi.12.1.223.

在理论模型方面，用户参与阶梯模型用于理解用户如何从最初的关注者逐步转化为积极参与者和品牌倡导者。这个模型分为几个阶段：最初的关注者可能只是偶尔接触品牌或内容；互动者开始与内容互动，如点赞或评论；参与者更积极地参与讨论和活动；倡导者不仅频繁参与讨论，还积极推广品牌或内容给其他人。这个模型强调了用户参与的逐步深化过程，以及通过不同阶段的策略来促进用户参与。

综上所述，用户参与是一个多维度的概念，涉及心理和社会层面的多种因素。新媒体运营者了解这些因素并根据这些因素制订运营策略，是提高用户参与度和建立长期用户关系的关键。

（二）互动策略的制订原则

在新媒体运营领域，制订有效的用户互动策略是提高用户参与度和优化用户体验的关键。这些策略应基于对用户行为的深入了解和对技术的创新应用。

内容个性化是提高用户参与度的核心策略。个性化内容策略依赖数据驱动，即通过分析用户的行为模式、兴趣偏好和互动历史来定制内容。例如，使用算法推荐系统，可以根据用户的历史浏览和互动数据，为用户提供更符合他们兴趣的内容。这种个性化内容推荐不仅提高了用户的参与度，还增强了用户体验，使用户感到内容是专为他们量身定制的。此外，内容个性化还包括用户生成内容。鼓励用户分享自己的故事和经验，从而增强内容的多样性和吸引力。内容营销策略在用户参与中具有核心作用。内容营销旨在创作和分发有价值、相关的内容，以吸引和留住明确的受众群体。这种策略的关键在于创作高质量、吸引人的内容，这些内容能够引起用户的兴趣和情感共鸣，从而促使用户参与和分享。例如，通过故事、视频内容和互动式图表，可以有效地吸引用户的注意力并促进用户参与。

互动的及时性也是维持用户参与的一个关键因素。在快节奏的新媒体环境中，用户期望得到快速响应，如对用户评论和询问的及时回复、对市场动态和用户需求的快速适应。持续关注社交媒体发展趋势和用户反馈，品牌可以及时调整内容策略，保持内容相关性和吸引力。此外，使用自动化工具，如聊天机器人，可以为用户提供不间断的客户服务，确保用户问题得到及时解决、用户需求得到及时满足。

构建在线社区是促进用户参与的重要策略。在线社区不仅是用户交流和分享的平台，也是品牌与用户建立深层次联系的场所。通过建立在线社区，品牌可以鼓励用户互动，提高用户对品牌的忠诚度。例如，创建专题讨论区、用户俱乐部，可以促进用户之间的交流和合作，也可以为品牌提供收集用户反馈信息的机会。此外，在线社区管理也是关键，包括维护积极的社区文化、鼓励用户参与和回应用户诉求。

三、跨平台内容协作与管理

在当今多元化的新媒体环境中，跨平台内容协同与管理成为品牌商和内容创作者的核心策略。有效的跨平台管理不仅能提高内容的可见性和影响力，还能加强品牌与用户之间的互动。跨平台内容创作者通过优化与不同平台的互动，实现了内容同步和观众管理，从而在内容创作领域快速发展。[①]

（一）跨平台内容策略的制订

在新媒体运营领域，制订有效的跨平台内容策略是一项复杂且至关重要的任务。新媒体运营者不仅要了解每个新媒体平台的特点，还要深入了解各平台的受众群体。在中国的新媒体环境中，这一点尤为重要，因为不同新媒体平台的用户群体可能有显著差异。以微博和抖音为例，

---

① MA R K, GUI X N, KOU Y B. Multi-Platform Content Creation: The Configuration of Creator Ecology Through Platform Prioritization, Content Synchronization, and Audience Management[C/OL]//Proceedings of the 2023 CHI Conference on Human Factors in Computing Systems. New York, NY, USA: Association for Computing Machinery, 2023: 1-19[2023-11-06]. https://doi.org/10.1145/3544548.3581106.

虽然这两个平台都在中国极为流行，但它们的受众群体和内容有明显的不同。微博以信息流和话题讨论为特色，更适合快速传播新闻和观点。而抖音则以短视频为主，强调娱乐性和视觉吸引力。新媒体运营者制订跨平台内容策略时，需要考虑这些差异，确保内容在每个平台上都能发挥最大作用。例如，一个品牌可能在微博上发布详细的产品信息和行业新闻，以吸引对特定话题感兴趣的用户；在抖音上可能会发布更加生动、有趣的视频内容，以吸引年轻用户的注意力，并鼓励他们分享和参与。此外，新媒体运营者制订跨平台内容策略时，还需要考虑如何在保持各平台内容特色的同时，实现品牌信息的一致性。这可能涉及在不同平台上使用相似的视觉元素、品牌口号或核心信息，同时调整内容的表达方式，以适应各个平台的特点。

在实践中，跨平台内容策略需要不断调整和优化。这要求新媒体运营者持续监测各平台上的用户反馈和参与度，对竞争对手的运营策略进行分析。这样，新媒体运营者可以更好地了解每个平台的动态，并根据这些信息调整内容策略，以保持在各个平台上的竞争力。

跨平台内容策略的制订是一个动态的过程，需要新媒体运营者深入了解每个平台的特点和受众群体，并根据这些信息不断调整和优化内容。这样，新媒体运营者可以在中国多元化的新媒体环境中实现有效的用户参与和品牌传播。

（二）内容同步与适应性

在新媒体运营领域，内容同步与适应性是实现跨平台内容策略成功的两个关键因素。内容同步指的是在不同的社交媒体平台上保持品牌信息和营销信息的一致性。内容适应性涉及根据每个平台的特点和用户偏好调整内容呈现形式和风格。

内容同步的重要性在于内容同步能够帮助品牌在不同平台上树立一致的品牌形象，进行一致的信息传递。例如，一个品牌可能在微博、微信和抖音上都有官方账号，通过在这些平台上发布一致的品牌信息和营销活动信息，可以提高品牌识别度，加强用户对品牌信息的记忆。然而，这并不意味着在所有平台上发布完全相同的内容。内容的适应性要求品牌在保持核心信息一致的同时，根据每个平台的特点对内容进行适当调整。例如，微博以文字和图片内容为主，适合发布详细的品牌故事和新闻。而抖音则以短视频为主，更适合发布动态的、趣味性强的内容，以吸引年轻用户的注意力。微信公众号可以用来发布更深入、系统的内容，如教育类文章或产品使用指南。内容适应性不仅体现在内容的呈现形式上，还体现在语言风格和视觉设计上。

在实现内容同步和适应性的过程中，技术工具起至关重要的作用。内容管理系统是实现内容同步和适应性的关键工具，可以帮助品牌统一管理在不同平台上发布的内容。利用内容管理系统，品牌可以在一个集中的平台上创作、编辑和发布内容，然后根据每个社交媒体平台的特点对内容进行调整和优化。此外，一些内容管理系统还提供数据分析功能，可帮助品牌监测不同平台上内容的表现，使品牌更好地了解用户反馈和参与度。

内容同步与适应性是实现有效跨平台内容策略的关键。通过在不同平台上保持品牌信息的一致性，同时根据每个平台的特点进行内容调整，品牌可以在复杂多变的新媒体环境中有效地吸引和保持用户的注意力。技术工具，尤其是内容管理系统，在这一过程中发挥着不可或缺的作用。

四、创意内容开发与用户参与度提升

在新媒体环境下，内容开发的重要性日益凸显。用户参与度，即用户与内容的互动程度，已成为衡量新媒体运营成功的关键指标。下面探讨创意思维在内容开发中的应用、提升用户参与度的策略，并进行案例分析。

（一）创意思维在内容开发中的应用

在新媒体运营领域，创意思维的应用是推动内容创作和用户参与度

提升的关键因素。创意思维是指在内容创作过程中采用非传统、非线性的思考方式，以产生新颖、独特且吸引人的内容。这种思维方式强调原创性、灵活性和问题解决能力，是新媒体内容创作中不可或缺的元素。

对新媒体运营而言，创意内容非常重要。在新媒体环境中，用户被海量信息包围。只有那些具有创意、能够引起用户情感共鸣和思考的内容才能在众多信息中脱颖而出，吸引用户的注意力。

创意思维在内容开发中的应用不局限于内容的主题和表达方式，还涉及内容的格式和传播策略。例如，故事叙述法是一种强有力的创意内容策略，通过讲述引人入胜的故事来激发和保持受众的兴趣。此外，多媒体元素（如视频、图像和音频）的创新使用也是创意思维的体现，能够增强信息的吸引力。在新媒体平台上，创意思维还涉及与用户互动的方式。例如，社交媒体上的互动性投票、问答环节或挑战活动，可以激发用户的参与热情，提高用户的参与度，扩大内容传播范围。这种参与性内容创作不仅能加强用户与品牌之间的互动，还有助于构建在线社区和形成忠实粉丝群体。

数据驱动的内容策略也是创意思维的重要组成部分。通过分析用户数据和行为模式，内容创作者可以更好地了解目标受众，从而创作出更符合用户兴趣和需求的内容。这种基于数据的创意方法使内容更加个性化、相关性更强，有利于提高用户参与度和满意度。

总之，创意思维在新媒体内容开发中的应用是多方面的，不仅关乎内容的创新，还涉及与用户互动的新方式和基于数据的个性化内容策略。通过采用创意思维，新媒体运营者可以创作出更有吸引力、更具互动性和更有效传播的内容，从而在竞争激烈的新媒体环境中脱颖而出。

（二）提升用户参与度的策略

在新媒体运营领域，提升用户参与度是实现内容传播和品牌影响力扩大的关键。用户参与度即用户对内容的反应和互动程度，通常通过点赞、评论、分享等指标来度量。有效提升用户参与度的策略不仅能增强内容的可见性，还有助于构建用户社区，提高用户对品牌的忠诚度。

数字内容营销策略可以有效加强品牌与消费者之间的互动。通过精心设计的内容和有针对性的社交媒体活动，品牌能够吸引目标受众，并激发他们参与和反馈的热情。这种营销策略成功的关键在于了解和利用社交媒体平台的特点，如算法推荐、用户行为习惯和互动特点，提高内容的吸引力和用户参与度。

社交媒体营销策略，如利用影响者渠道和参与性内容，也可以显著提高用户参与度。影响者营销利用了社交媒体影响者的粉丝基础和信任度。通过与社交媒体影响者合作，品牌可以更有效地触及目标受众并激发受众参与热情。此外，参与性内容，如互动投票、挑战活动或用户生成内容，能够增强用户的参与感和归属感，从而提高用户对品牌的满意度和忠诚度。

综上所述，提升用户参与度需要综合考虑内容的吸引力、社交媒体平台的特点以及目标受众的行为习惯。通过创新的内容、影响者营销和参与性活动，品牌可以有效提高用户参与度，从而在新媒体环境中提高品牌影响力和用户忠诚度。同时，品牌需要根据用户反馈和用户行为数据不断对营销策略进行优化，以确保营销策略的有效性和持续性。

五、基于数据的内容策略优化

在新媒体环境下，基于数据的内容策略优化是实现有效用户吸引和留存的关键。通过分析用户数据和反馈，新媒体运营者可以不断调整和优化内容策略，以更好地满足用户需求。

（一）用户数据的收集与分析

在新媒体运营领域，用户数据的收集与分析是制订有效内容策略的基石。随着数字技术的快速发展，新媒体运营者拥有了前所未有的深入了解受众的机会。这不仅关乎数据的收集，也关乎从这些数据中提取有价值的信息，并根据这些信息制订具体的操作策略。

用户数据的收集可以通过多种方式进行。新媒体运营者进行社交媒体分析，可以获得用户数据。通过监测用户在社交媒体上的行为，如点赞、评论和分享，新媒体运营者可以获取有关用户偏好和参与度的直接信息。此外，用户行为跟踪技术，如 cookies 和 web beacon，允许新媒体运营者追踪用户在网站上的行为路径，从而了解用户的兴趣点和互动模式。反馈调查也是一个重要的数据收集工具。通过直接向用户询问他们的意见和建议，新媒体运营者可以获得关于产品或内容的直接反馈。这种一手数据对了解用户需求和改进产品至关重要。

　　在收集了大量的用户数据之后，下一步是从这些数据中提取有价值的信息。对此，数据分析技术发挥了关键作用。机器学习和人工智能技术可以帮助人们处理和分析大量数据。例如，情感分析可以用来了解用户对品牌或产品的情感、态度，这对调整营销策略和内容创作至关重要。新媒体运营者可分析社交媒体上的用户生成内容，利用数据挖掘技术来识别用户的偏好和行为模式。这样，新媒体运营者不仅能对用户行为进行深入了解，还能制订更有效的营销策略。数据分析的最终目的是从数据中提取有价值的信息。这些信息可以帮助新媒体运营者更好地了解受众，如了解受众的需求、偏好和行为模式。例如，通过分析用户在社交媒体上的互动，新媒体运营者可以了解哪些类型的内容更能激发受众的兴趣。通过跟踪用户在网站上的行为路径，新媒体运营者可以发现哪些内容更能吸引受众停留更长时间。

　　例如，完美日记是一个中国化妆品品牌，成立于 2016 年，迅速成为年轻消费者中的热门品牌。其成功的一个关键因素是利用天猫平台的用户数据进行精准营销和产品开发。完美日记利用天猫提供的用户购买历史和浏览行为数据来分析目标客户群的偏好。通过这些数据，该品牌能够识别出很受欢迎的产品类型、用户的颜色偏好以及购买模式。完美日记还密切关注社交媒体平台（如小红书、微博）上的用户反馈和讨论，以获取关于产品和品牌的直接反馈。这些信息能帮助品牌了解消费者的真实感受和意见。基于收集到的数据，完美日记开发出更符合市场需求的新产品。例如，针对年轻消费者的偏好，完美日记推出了多样化的颜色选择和创新的产品包装。利用用户数据，完美日记在天猫上开展了有针对性的营销活动，如定制化推广和特别优惠。这些营销策略显著提高了用户的购买率和用户对品牌的忠诚度。

用户数据的收集与分析是新媒体运营中不可或缺的一环。利用先进的数据分析技术，新媒体运营者可以从大量的用户数据中提取有价值的信息，从而更好地了解受众。这些信息对制订有效的内容策略和提高用户参与度至关重要。

（二）内容策略的优化

随着数字化时代的发展，用户数据的收集和分析为内容创作提供了新的视角和方法。基于数据的内容策略优化不仅关乎内容的质量和相关性，还涉及通过个性化内容推荐策略和跨平台策略来提高用户参与度和品牌知名度。个性化内容创作是基于数据的内容策略优化的核心。通过分析用户数据，如分析用户的浏览历史、购买行为、社交媒体互动等，内容创作者可以更准确地了解用户的兴趣和需求。这种对用户的深入了解使得内容创作更加贴近用户的实际需求，有利于提高内容的吸引力和用户参与度。

在新媒体运营领域，内容策略优化是一个动态且持续的过程。这个过程涉及不断地测试新策略，评估策略的效果，并基于收集到的用户反馈和行为数据对策略进行调整。新媒体环境的快速变化要求内容策略必须灵活、适应性强。用户的兴趣和行为模式不断变化，市场不断变化。因此，内容策略不能是一成不变的。新媒体运营者需要不断地测试新内容的格式、主题和发布策略等，以保持内容的新鲜度和相关性。

测试新策略是内容策略优化的起点，可能包括尝试新的内容主题、采用不同的内容格式（如视频、图文、直播等），或者在不同的时间和平台发布内容。测试新策略的目的是发现哪些策略能够很有效地吸引用户。每次测试后，都需要进行详细的效果评估。效果评估通常涉及分析各种关键性指标，如用户观看率、参与度、留存率等。通过这些数据，新媒体运营者可以了解哪些策略有效，哪些策略需要改进。了解用户反馈对优化内容策略也非常重要，包括了解直接的用户反馈（如评论、问卷调查）和间接的用户行为数据（如用户点击率、观看时间）。新媒体运营者需要密切关注用户反馈，并将用户反馈作为调整内容策略的依据。

基于数据的内容策略优化对新媒体运营具有长远的影响。随着技术的发展，如人工智能和机器学习技术的进步，内容策略的优化将变得更加精准和高效。未来，新媒体运营者会应用更多的基于数据的个性化、自动化内容策略。

例如，《奇葩说》是一档在中国很受欢迎的辩论类网络节目，由爱奇艺平台制作、播出。该节目以独特的话题辩论和深入的社会议题探讨而闻名。《奇葩说》制作团队通过分析观众在爱奇艺平台上的观看数据、评论和互动，了解观众的兴趣和偏好，关注观众对不同辩论话题的反应，如观众的观看时长、互动率和观后讨论的热度。基于数据分析，该节目团队挑选那些能引起广泛共鸣和讨论的话题进行辩论。该节目团队还根据观众反馈调整辩论的方式和深度，确保内容既有趣味性又具启发性。

第三节　营销策略

本节重点关注新媒体平台上的广告投放策略、关键意见领袖和网红营销的动态以及用户增长与留存策略，还探讨利用大数据和人工智能技术进行精准营销的先进方法，以及社交媒体与电子商务融合策略。

一、广告投放策略与效果评估

随着数字技术的发展和用户行为的变化，广告策略必须适应新媒体环境的特点，以实现良好的营销效果。

（一）广告投放策略的关键要素

在新媒体运营领域，广告投放策略的制订是一项复杂且精细的工作。这个过程涉及对目标受众的深入分析、对广告内容的创意性设计以及对广告投放渠道的精准选择。以下是对这些关键要素的详细分析。

1. 目标受众分析

成功的广告策略制订始于对目标受众的深入了解，如了解受众基本的人口统计学特征、心理特征、兴趣和消费习惯。例如，年轻的城市居民可能对科技和时尚产品更感兴趣，而中年人可能更关注健康和与家庭相关的产品。新媒体运营者利用大数据分析工具，可以收集和分析大量关于目标受众的数据。这些数据能帮助营销人员绘制详细的受众画像。受众画像包括受众的在线行为模式、偏好的内容类型和购买决策。

2. 广告内容创意性设计

在信息过载的新媒体环境中，创意性内容是吸引用户注意力的关键。广告内容不仅要传达信息，还要以引人入胜的方式呈现。创意性内容包括故事、幽默元素、引人注目的视觉效果等。广告内容应与品牌的核心信息和价值观紧密结合，也要符合目标受众的兴趣和期望。例如，一个面向年轻人的时尚品牌可以通过讲述与时尚、潮流相关的故事来吸引目标受众。

3. 广告投放渠道选择

在新媒体环境中，有效的广告投放需要考虑多个投放渠道，如社交媒体平台、搜索引擎（如百度）、视频平台（如抖音、B 站）等。每个广告投放渠道都有独特的受众群体和受众使用习惯，因此选择合适的广告投放渠道对达到广告目标至关重要。广告投放渠道选择应基于目标受众的在线行为和平台偏好。此外，不同的广告形式（如视频广告、横幅广告、原生广告）在不同的平台上可能有不同的表现。

总之，新媒体环境下制订广告投放策略需要综合考虑目标受众的特点、内容的创意性以及广告投放渠道的选择。通过精准的受众分析、创意性的内容设计和明智的渠道选择，广告投放者可以实现更好的广告效果和更高的投资回报。在这个过程中，数据分析和技术应用发挥着至关重要的作用，使广告投放更加精准和高效。

（二）广告效果评估

在新媒体运营领域，广告效果的评估是确保广告投资回报率最大化的关键环节。这一过程涉及对广告表现的细致分析，以及基于数据的广告策略优化。

广告效果评估的核心在于量化广告表现，这通常依赖一系列关键性指标，如受众点击率、转化率、观看时长等。这些指标不仅反映了广告的吸引力，还揭示了广告在引导受众采取特定行动方面的效果。例如，低点击率可能表明广告内容或设计不足以吸引目标受众的注意力，高转化率表明广告在促进销售或其他目标行为方面表现良好。

通过对广告表现数据进行深入分析，新媒体运营者可以识别广告策略的优势和不足。这种分析通常涉及对不同广告元素的分析，如不同的创意设计、文案或呼吁行动。数据分析还可以揭示特定受众群体对广告的反应，帮助新媒体运营者更好地了解目标市场。基于这些分析结果，新媒体运营者可以对广告策略进行调整和优化。例如，如果某个广告在特定平台上表现不佳，新媒体运营者可能需要调整广告内容或选择不同的广告投放渠道。优化广告策略还包括预算分配的调整，以确保资源被有效利用。

A/B 测试是评估不同广告元素效果的有效方法。通过对比测试不同的广告版本，可以确定哪些元素最能吸引受众。这种方法可以应用于广告的不同方面，如视觉设计、投放渠道选择等。通过 A/B 测试，新媒体运营者可以确定哪些广告元素最能吸引受众的注意力。A/B 测试的结果有助于精细化广告内容，实现更精准的目标受众定位。这种测试方法使广告更加个性化，更符合特定受众群体的需求和偏好。例如，通过测试不同的广告文案风格或图像，新媒体运营者可以发现哪种广告风格在特定受众中更受欢迎。

广告效果的评估是制订新媒体广告策略中不可或缺的一环。通过对关键性指标的细致分析、数据驱动的策略优化以及 A/B 测试，新媒体运营者可以不断提升广告的效果，确保广告投资能产生较高的回报。新媒体运营者需要对数据进行深入分析和灵活应用，需要不断地学习、适应并创新，以应对新媒体环境的快速变化。

（三）新媒体环境下的广告创新

在新媒体环境下，广告的创新不局限于多媒体融合或个性化定制。以下是一些具有创意和前瞻性的广告。这些广告利用了新媒体环境的独特优势，以创新的方式吸引用户。

1. 情境化广告：环境触发用户个性化体验

情境化广告是根据用户当前环境和情境展示的相关广告。这种广告的核心在于广告与用户的即时环境和经验相结合，这能提高广告的相关性和吸引力。例如，基于用户的地理位置、天气状况或时间段来展示特定广告。这种广告策略不仅能提高广告的针对性，还能增强用户的参与感，因为广告内容与用户的实际情境密切相关。

2. 交互式广告和游戏化广告：提升用户参与度

交互式广告通过参与式的广告内容来吸引用户。这种广告通过为用户提供有趣的互动体验来提升用户的参与度和品牌印象，例如，通过在线互动游戏或测验吸引用户参与。这种广告不仅具有娱乐价值，还增加了用户与品牌之间互动的机会。游戏化广告引入了积分系统、排行榜或奖励机制，以激励用户参与和互动。这种广告通过游戏化的元素提高用户的参与度，并以有趣的方式传达品牌信息。

3.人工智能驱动的预测性广告：对用户未来行为的预测

人工智能技术在广告领域的应用为品牌提供了预测用户未来行为和兴趣的能力。利用人工智能技术分析用户数据，品牌可以在用户实际表达需求之前就为用户提供相关广告。例如，基于用户的浏览历史和购买模式，人工智能可以预测用户可能感兴趣的新产品，并相应地推送广告。个性化推荐引擎使用 AI 算法为用户提供个性化的产品推荐。人工智能技术不仅提高了广告的相关性，还提高了用户的满意度和忠诚度。个性化推荐引擎可以在电子商务网站、社交媒体平台甚至移动应用中实现，为用户提供定制化的购物体验。

4.对话式广告：新型互动方式

对话式广告利用聊天机器人为用户提供对话式广告体验。用户可以通过与聊天机器人互动来了解产品信息、获取优惠券或进行购买。这种广告不仅为用户提供了一种新颖的互动方式，还使广告体验更加个性化。

5.数据驱动的实时广告：监测用户即时反应和调整广告内容

利用实时数据分析来调整广告策略。这包括监控社交媒体发展趋势、新闻事件或市场动态，并据此快速调整广告内容。例如，在大型体育赛事或文化事件期间，品牌可以实时推出与赛事或事件相关的广告，以提高广告的时效性和相关性。使用情绪分析工具，可以监测用户对广告内容的反应。根据用户的情绪反馈，可以实时调整广告内容，使广告与用户的情绪和兴趣相契合。这种广告能增强用户体验。

新媒体环境为广告的创新提供了广阔的空间。通过情境化广告、交互式广告、游戏化广告、人工智能驱动的预测性广告、对话式广告以及数据驱动的实时广告等，品牌可以以更引人入胜、更个性化的方式与用户互动，从而在竞争激烈的市场中脱颖而出。这些广告具有较强的吸引力，能提高用户参与度，提升用户体验和用户对品牌的忠诚度。

二、KOL 与网红营销

关键意见领袖（KOL）和网红营销已成为品牌推广和产品营销的重要策略。这种营销策略利用具有影响力的个人在特定受众群体中的声望，推广品牌或产品。

（一）KOL 与网红营销的核心原理

KOL 和网红在特定领域或社群中具有较高的声誉，所以具有显著的影响力。他们的推荐被视为更真实和可信，对于品牌来说是一种宝贵的资产。当 KOL 或网红推荐某个产品或服务时，他们的追随者更有可能因为信任这些意见领袖或网红而对产品产生兴趣。这种信任使得 KOL 和网红营销成为一种高效的品牌传播手段。KOL、网红与受众之间的信任关系对品牌信任的建立是至关重要的。这种信任关系基于以下几个核心要素：

1. 真实互动

KOL、网红与受众之间的真实互动是建立信任的基础。这种互动通常是通过社交媒体平台上的直接沟通、分享个人故事或经验等进行的。真实互动有助于建立个人化的联系，使受众感到 KOL 或网红是可信赖和接近的。

2. 使受众产生共鸣

KOL、网红通常会分享他们的生活方式、兴趣爱好或价值观，使特定受众群体产生共鸣。受众感到与 KOL 或网红在某种程度上有共同点时，更有可能信任这些意见领袖或网红的推荐和建议。

3. 受众信任的转移

当 KOL 或网红推荐某个品牌或产品时，受众对他们的信任会转移到品牌或产品上。这是因为受众认为 KOL 或网红不会推荐他们不信任或不认同的产品。因此，KOL 和网红的推荐可以显著提高品牌的可信度。

KOL 和网红营销的成功在很大程度上取决于他们与受众之间建立的

信任关系。这种信任关系不仅基于真实的互动和共鸣，还涉及受众信任的转移。通过与受众的信任关系，KOL和网红能够有效地为品牌创造价值，增强品牌的市场影响力。KOL和网红通常拥有特定的粉丝群体。品牌可以通过KOL或网红精准地接触到特定的目标市场。这种精准定位基于KOL或网红与受众之间的共鸣和信任。品牌可以利用这种定位，通过KOL和网红的影响力来传递产品信息，从而得到更高的市场渗透率。

（二）KOL营销策略

KOL营销作为一种基于影响力的营销手段，已成为品牌与消费者之间沟通的重要桥梁。实施KOL营销策略，需要考虑品牌与KOL的匹配度、品牌与KOL互利合作关系的建立、KOL所创内容的真实性及与品牌形象的一致性、KOL可信度。

选择与品牌匹配的KOL是KOL营销成功的基石。这涉及进行深入的品牌定位分析和KOL评估。品牌定位不仅是指市场定位，还包括品牌的价值观、文化和个性。在选择KOL时，品牌需要考虑KOL的受众基础、个人品牌、风格以及与品牌的契合度。例如，一个注重可持续发展的品牌应寻找那些在环保和可持续生活方式方面有影响力的KOL。与品牌不匹配的KOL可能导致品牌形象的稀释甚至损害，因为消费者可能会对品牌传递的混杂信息感到困惑。

品牌与KOL建立互利的合作关系对KOL营销至关重要。这种合作关系应基于双方价值的交换，如财务补偿、品牌曝光或其他形式的回报。品牌应明确合作条款，合作条款应包括KOL的责任、预期成果以及任何潜在的利益冲突。这种透明的沟通有助于品牌和KOL建立信任，促进双方更深层次的合作。

KOL所创内容的真实性及与品牌形象的一致性是KOL营销的核心。KOL营销的成功在很大程度上取决于内容的吸引力和真实性。过度商业化的内容可能会损害KOL的信誉和影响力，影响KOL对受众的吸引力。因此，KOL应确保创作的内容具有真实性，同时保持所创内容与品牌形象一致。内容真实性可以通过故事叙述、个人经验分享或产品展示来实现。

有研究强调了 KOL 可信度对消费者购买意图的影响，以及客户信任和参与的中介作用。[①] 这一发现凸显了 KOL 可信度在影响消费者购买决策中的重要性。品牌应重视选择那些在某个领域内具有高可信度的 KOL，并通过透明的合作方式来增强这种信任。此外，通过与 KOL 的互动和合作，品牌可以加强与目标受众的联系。实施 KOL 营销策略，品牌可以有效地利用 KOL 的影响力，以真实、引人入胜的方式与目标受众建立联系。

（三）KOL 营销的影响力评估

受众参与度通常通过衡量受众与 KOL 所创内容的互动情况来评估，评估指标包括点赞、评论、分享和观看时间等。这些指标不仅反映了受众对内容的兴趣和受众参与程度，还能为新媒体运营者提供关于受众行为和偏好的信息。此外，观看率和转化率也是衡量 KOL 营销效果的两个重要指标。观看率反映了受众对 KOL 所创内容的关注程度。转化率反映了受众在观看 KOL 所创内容后采取特定行动（如购买产品、访问网站）的比例。

根据 KOL 的影响力评估结果，品牌可及时调整和优化 KOL 营销策略，如更换 KOL、调整合作内容或改变营销策略的方向。例如，如果一个 KOL 的受众参与度高，但转化率低，那么品牌可能需要调整合作内容，以更好地促进产品销售。品牌还应考虑 KOL 的受众基础和品牌目标受众之间的匹配度。如果 KOL 的受众基础与品牌的目标市场不一致，那么即使 KOL 的受众参与度和观看率很高，转化率也可能不理想。因此，品牌需要进行细致的受众分析，确保 KOL 的粉丝群体与品牌的目标市场

---

① SHERBAZ K. The role of digital influencer credibility on purchase intention and the mediating effect of customer trust and engagement[J]. Global journal for management and administrative sciences, 2023, 4(1): 19-45.

有较高的重合度。品牌还需要对 KOL 营销活动进行实时监控和后期评估。品牌实时监控 KOL 营销活动，可以快速识别并解决营销过程中出现的问题；对 KOL 营销活动进行后期评估，能总结经验、教训，为未来的营销活动提供指导。此外，品牌还应考虑使用先进的数据分析工具和技术，如人工智能和机器学习算法，更准确地预测和评估 KOL 营销活动的效果。

在 KOL 营销的影响力评估中，还应考虑 KOL 所创内容与品牌的一致性和内容质量。KOL 所创内容不仅要与品牌形象和价值观保持一致，还要具有高质量和创新性。高质量的内容可以更好地吸引和保持受众的注意力，从而提高受众转化率。同时，创新性的内容可以帮助品牌在竞争激烈的市场中脱颖而出。品牌应构建一个全面的 KOL 评估框架，这个评估框架包括定量指标（如受众参与度、观看率、转化率）和定性指标（如内容与品牌的一致性、内容质量）。这种综合评估可以帮助品牌全面了解 KOL 营销活动的效果，并制订更有效的营销策略。

KOL 营销的影响力评估是一个多维度、动态的过程。品牌需要不断地监测、分析和调整 KOL 营销活动。通过综合考虑受众参与度、观看率、转化率、内容质量以及内容和品牌的一致性，品牌可以更有效地利用 KOL 的影响力，实现更高的投资回报率。

三、用户增长与留存策略

用户增长与留存策略是构建和维护一个成功的数字平台的关键。用户增长与留存策略涉及用户获取、用户体验优化、内容策略、游戏化策略和数据分析等。

（一）用户获取是制订新媒体运营策略的基础

在数字化时代，在用户获取方面，新媒体运营者不仅需要制订多渠道营销策略，还需要进行深入的数据驱动分析，制订创新的市场定位策略。多渠道营销策略的核心在于整合不同的数字媒体平台，如社交媒体平台、搜索引擎、内容平台和在线广告平台,以覆盖更广泛的受众。这种整合不仅涉及跨平台内容的一致性,还涉及各平台特有的优化策略。例如,搜索引擎优化关注提高网站在搜索引擎中的可见性,社交媒体营销侧重于利用社交网络的病毒式传播效应。精准的目标受众定位和个性化广告是用户获取的关键。品牌需要利用先进的数据分析工具来了解目标受众的行为模式、兴趣偏好和消费习惯。通过这些数据,品牌可以发布更具针对性的营销信息,从而提高广告的相关性和吸引力。例如,品牌可使用用户行为数据来开展个性化的电子邮件营销活动,从而显著提高用户的参与度和转化率。内容营销对用户获取具有重要的作用。高质量、有价值的内容不仅能吸引用户,还能提升品牌的权威性和可信度。品牌应围绕目标受众的需求和兴趣来制订内容营销策略,同时保持内容与品牌核心价值观的一致性。例如,通过发布行业分析报告或教育性视频,品牌可以在目标受众中树立专业的形象。

用户获取是一个复杂且动态的过程。品牌需要在不断变化的新媒体环境中保持灵活和创新。通过整合多种营销渠道,实施精准市场定位,发布个性化广告,创作高质量的内容,品牌可以有效地吸引并留住目标受众。

(二)用户体验优化是提高用户留存率的关键

用户体验优化的核心在于营造无缝、直观且满足用户需求的交互环境。用户体验优化包括简化用户界面的设计,确保用户界面直观、易用,同时减小用户的认知负担。例如,通过减少不必要的步骤和元素,可以提高网站或应用程序的可用性,这包括简化用户界面、提高网站或应用程序的加载速度、优化导航结构和提供有价值的内容。用户体验优化应基于用户反馈和行为数据,以确保满足用户的需求和期望。此外,为用户提供个性化体验也是提高用户留存率的重要手段。通过数据分析和应用机器学习技术,品牌可以为用户提供定制化的内容,从而提高用户的参与度和忠诚度。

（三）内容策略对用户增长与留存也具有重要作用

高质量、相关性强和有吸引力的内容可以吸引用户的注意力，提高用户参与度。内容策略应根据目标受众的兴趣和需求来制订，包括选择合适的内容类型（如博客文章、视频、播客等）、话题和发布频率。此外，互动性内容，如在线问答、投票和竞赛，也可以提高用户的参与度和留存率。通过建立在线社区，品牌可以促进用户之间的互动和交流，增强用户对品牌的归属感。品牌可以通过论坛、社交媒体群组或品牌的平台来建立在线社区。在在线社区中，品牌应鼓励用户分享经验、提供反馈并参与讨论。此外，品牌还可以通过在线社区举办活动、提供专属福利，从而提高用户的参与度和忠诚度。

（四）游戏化策略

游戏化策略是一种在非游戏环境中应用游戏设计元素和原则的策略，旨在提高用户参与度、激励用户行为、增强用户体验、提高用户留存率。这种策略通过引入游戏化的机制，使原本可能平淡无奇的任务或活动变得更加吸引人和有趣。用户通过参与特定活动或达成特定目标而获得积分。这些积分可以用来追踪进展、解锁新功能或兑换奖励。用户完成特定的挑战或达到某个里程碑时，可以获得徽章或奖章。这些徽章作为用户成就的象征，能增强用户的成就感和归属感。品牌可展示用户在某项活动中的排名，促进用户之间的竞争和社交互动。排行榜可以激励用户优化表现来获得更高的排名。品牌可设置具有挑战性的任务或目标，鼓励用户完成任务以获得奖励。这些任务或目标可以是短期的，也可以是长期的，能增强用户参与的动力。品牌还可以构建故事情节，为用户的活动提供背景和上下文，使用户感觉自己是故事的一部分。

游戏化元素能使用户的体验更加有趣，从而提高用户的参与度。通过不断完成任务和获得奖励，用户有更大的动力回到应用或服务中来。品牌设置目标和奖励，可以激励用户采取特定行为，如采用更健康的生活方式或保持积极的学习态度。排行榜和任务挑战可以促进用户之间的社交互动，增强用户对在线社区的归属感。品牌应确保游戏化元素与产品或服务的核心目标和用户需求一致；需要平衡任务挑战和奖励，以确保用户既有成就感，又不会感到沮丧或压力过大。随着时间的推移，用户可能对某些游戏化元素失去兴趣，因此品牌需要不断更新游戏化元素。通过有效地实施游戏化策略，品牌可以在吸引和保留用户方面取得显著成效，同时提高用户的满意度和对品牌的忠诚度。

（五）用户增长与留存策略中的数据分析

通过收集和分析用户数据，品牌可以获得关于用户行为和偏好的信息。这些信息可以帮助品牌了解用户流失的原因，优化用户体验，制订更有效的营销策略。例如，通过分析用户在网站或应用程序上的行为路径，品牌可以了解并解决用户体验中的问题。此外，A/B 测试可以帮助品牌测试不同的用户界面设计、内容和功能，以确定哪些用户界面设计、内容和功能能够显著提高用户参与度和留存率。随着技术的发展和用户需求的变化，品牌需要不断地更新产品、服务和营销策略，如引入新功能、优化用户界面和适应新的市场趋势。例如，随着移动互联网的兴起，品牌需要确保品牌的网站和应用程序在移动设备上的性能和用户体验良好。

通过实施用户增长与留存策略，并持续进行产品和服务创新，适应市场变化，品牌可以有效地吸引和留住用户，建立一个成功的数字平台。

四、大数据与 AI 精准营销

在当前的数字化时代，大数据和人工智能技术对新媒体运营有重要的作用，能推动营销策略向更高效、更个性化方向发展。

（一）大数据在新媒体运营中的应用

大数据是指那些因数量巨大、类型多样且生成速度快而难以用传统数据库工具捕捉、管理和处理的数据集合。在新媒体运营中，大数据可以从多个渠道收集，如社交媒体互动、用户在线行为、交易记录、搜索历史等。这些数据为品牌提供了前所未有的用户信息，使品牌能够更深入地了解目标受众的行为和偏好。通过对大数据进行分析，品牌可以了解特定的用户群体和市场趋势。例如，数据挖掘和分析可以揭示用户的购买习惯、生活方式和兴趣点，帮助品牌绘制更精确的买家画像。这些画像可以用于指导广告投放和内容创作，确保营销信息与用户的实际需求和兴趣紧密联系。大数据还使品牌能够进行预测分析。品牌可使用历史数据来预测未来发展趋势。这种预测分析可以帮助品牌预测市场动态、用户行为和购买模式，使品牌在市场变化中保持领先。

（二）人工智能在精准营销中的应用

人工智能技术，特别是机器学习和深度学习，彻底改变了新媒体营销。AI 可以处理和分析大规模的数据集，为品牌提供更多的用户信息，并实现自动化和个性化的营销决策。AI 技术使品牌能够为每个用户提供定制化的内容和产品推荐。通过分析用户的历史行为、偏好和互动，AI 算法可以生成个性化的内容和产品推荐，从而提高用户参与度和转化率。AI 技术还可以用于自动化广告投放和优化广告投放。通过实时分析用户行为和市场反应，AI 可以帮助品牌确定最佳的广告投放时间、位置和内容，提升广告效果和投资回报率。AI 驱动的聊天机器人可以为用户提供全天候的客户服务，处理常见的查询和问题，提高用户满意度。这些聊天机器人可以通过学习用户的查询和反馈不断优化对用户的响应，为用户提供更准确和个性化的服务。

（三）结合大数据和 AI 的综合营销策略

将大数据技术与 AI 结合，可以给新媒体营销带来革命性的变化。这种结合不仅能提高数据处理和分析的效率，还能使营销策略更加智能化和个性化。

将大数据技术和 AI 相结合，能够进行实时数据分析和即时决策。AI 算法可以即时分析来自社交媒体、网站和其他渠道的大量数据，快速识别用户行为模式。AI 算法的这种即时分析能力使品牌能够迅速响应市场变化，调整营销策略，以保持竞争优势。通过深入分析大数据，AI可以预测个别用户或特定用户群体的未来行为。这种预测不仅基于历史数据，还结合了复杂的算法模型。这些预测可以帮助品牌在正确的时间向正确的用户推送相关的内容，从而提升营销活动的效果。

AI不仅能够推荐个性化的产品，还能够辅助品牌创作个性化的营销内容。通过分析用户的兴趣和互动，AI可以帮助品牌确定哪些内容主题、格式和风格可能吸引特定用户群体的注意力。个性化的内容创作可以显著提高用户参与度和用户对品牌的忠诚度。在新媒体运营领域，AI的应用实现了营销流程的自动化和对客户的深入了解。AI的多种技术，特别是自然语言处理技术和机器视觉技术，给新媒体营销带来了前所未有的高效率和精确性。

AI可以处理和分析大量的用户数据，自动识别不同的客户群体。这种细致分析基于复杂的算法，能够识别出用户的购买行为、兴趣偏好和行为模式，从而使营销活动更加精准。AI可以实时分析市场反应，自动调整广告投放策略，如确定最佳的广告平台、时间和目标受众，优化广告内容和格式，提高广告的点击率和转化率。利用AI，品牌可以实现自动化电子邮件营销流程，如发送个性化邮件内容、优化发送时间和分析用户反应。这种营销方式可以显著提高用户参与度和响应率。自然语言处理技术能够分析客户反馈、产品评论和社交媒体上的讨论；可以理解和分析自然语言中的情感和意图，为品牌提供关于客户态度和需求的信息。机器视觉技术可用于分析图像和视频内容，识别品牌标志、产品使用情况和用户反应。这种分析可以帮助品牌了解产品在现实世界中的表现和用户的真实反馈。结合自然语言处理技术和机器学习技术，AI可以进行情感分析，从文本数据中识别和提取情感倾向。这对品牌了解客户的满意度和忠诚度至关重要。

通过分析客户反馈和社交媒体评论，品牌可以了解产品或服务的问题和需改进之处，更好地进行产品开发和服务改进，满足客户需求。品牌深入了解客户的需求和期望，可以为客户提供更符合他们期望的产品和服务，从而提高客户满意度和忠诚度。通过日常营销自动化，营销团队可以将更多时间和精力投入创造性和战略性的工作中，如品牌策略制订、市场趋势分析和营销活动设计。

大数据技术和 AI 在新媒体运营中的应用正在迅速发展，为品牌提供了前所未有的机会来优化营销策略。通过精准定位目标用户、发布个性化内容和广告、进行实时数据分析，品牌可以更有效地吸引和留住用户。同时，品牌需要注意数据隐私和安全，确保在追求高效营销的同时，保护用户的个人信息和隐私。AI 在自动化营销流程和提供用户信息方面的应用，不仅提高了营销活动的效率，还为品牌提供了全面的市场信息和客户信息，使品牌在竞争激烈的市场中获得优势。通过这些先进技术的应用，品牌可以实现更高效、更精准、更个性化的营销，最终提升整体业务绩效。总之，大数据技术和 AI 是影响新媒体营销的关键技术，两者的结合将继续推动营销策略的创新和发展。

五、社交媒体与电子商务的融合策略

作为新媒体运营领域的教授，笔者深知社交媒体与电子商务融合策略的重要性和复杂性。在当前的数字化时代，这种融合不仅是创造新购物体验的关键，也是创造新营销机会的重要途径。

（一）社交媒体与电子商务的融合趋势

社交媒体与电子商务的融合策略是利用社交媒体平台的影响力和用户基础，促进电子商务销售的策略。这种融合策略涉及多个方面，如用户参与、品牌推广、产品展示和销售。

社交媒体平台为用户提供了互动的环境，使品牌能够直接与消费者进行沟通。通过内容分享、用户评论和社交互动，品牌可以建立与消费者之间的信任关系。用户参与和互动不仅增强了用户体验，也为电子商务活动打下了坚实的基础。社交媒体为品牌提供了一个展示产品价值和故事的平台。通过创意内容、影响者营销和社交媒体广告，品牌可以有效地提升知名度和吸引力。品牌推广活动直接影响消费者的购买决策，能促进电子商务销售。社交媒体平台上的多媒体功能，如图片分享、视频直播和故事讲述功能，为产品展示提供了丰富的方式。品牌可以利用这些功能展示产品的详细信息、使用场景和用户评价，从而增强产品的吸引力。社交媒体平台逐渐整合电子商务功能，如小红书的购物标签使消费者可以直接在社交媒体平台上浏览和购买产品，大大简化了购物流程，提高了营销效率。

（二）社交电商的新媒体运营策略

社交电商的新媒体运营策略融合了多种市场营销理论，采用了综合的、以用户为中心的营销方法。这种策略不仅关注销售的最终结果，还注重建立品牌与消费者之间的长期关系、在社交媒体平台上为消费者提供独特的购物体验。

从目标受众分析的角度出发，社交电商的新媒体运营策略强调对消费者行为和偏好的深入了解。这种了解基于市场细分理论，通过社交媒体上的互动数据（如点赞、评论和分享数据）来识别潜在客户群体。这些数据不仅能帮助品牌了解消费者的需求和兴趣，还使得品牌能够制订更个性化的营销策略，提供与消费者偏好相符的产品和服务。内容营销在社交电商策略中扮演着核心角色。根据内容营销理论，品牌通过创作有价值且吸引人的内容来吸引和保留目标受众。在社交电商环境中，这种内容不仅是信息传递的工具，也有利于树立良好的品牌形象，加强品牌与用户的联系。通过讲述故事以及发布高质量的、互动性强的视觉内容，品牌可以提高用户参与度和忠诚度。

社交电商的新媒体运营策略中的与影响者合作基于意见领袖理论的应用。社交媒体影响者作为新时代的意见领袖，拥有广泛的粉丝基础和显著的影响力。品牌通过与这些影响者合作，可以利用他们的信誉和影响力来推广产品，提高品牌的可见度和吸引力。这种合作不仅能提高品牌的曝光率，还能提高产品的可信度。

在数据驱动的决策方面，社交电商的新媒体运营策略利用社交媒体分析工具来跟踪用户参与数据、流量数据和销售数据。这种基于数据的运营策略使品牌能够及时调整营销策略，优化广告投放，提高营销活动的投资回报率。数据分析的结果能帮助品牌更好地了解市场动态和消费者行为，从而做出更精准的营销决策。社交电商的新媒体运营策略强调在社交媒体上提供有效的客户服务、积极管理在线社区。根据关系营销理论，建立和维护与客户的长期联系对品牌的成功至关重要。通过社交媒体平台提供及时的客户支持，积极参与在线社区互动，品牌可以提高客户对品牌的信任度和忠诚度，从而维持长期的客户关系和持续的销售增长。

社交媒体与电子商务的融合是新媒体运营领域的一大趋势。通过有效的社交电商新媒体运营策略，品牌不仅能为用户提供新的购物体验，还能创造新的营销机会。品牌应不断创新，深入了解目标受众，利用社交媒体平台的功能，持续优化社交电商新媒体运营策略。在这个过程中，数据分析和了解用户是关键，能够指导品牌在竞争激烈的市场中取得成功。

第五章　用户行为分析

新媒体运营者通过用户行为分析，能深入了解目标受众。通过分析用户在新媒体平台上的互动模式、内容偏好和参与度，新媒体运营者可以准确地描绘出用户画像。这有助于制订更具针对性的内容策略，提高用户参与度和忠诚度。通过跟踪和分析用户行为数据，新媒体运营者能够识别出哪些内容和互动方式能吸引用户，哪些可能导致用户流失。这些信息对调整内容发布计划、优化用户界面设计以及提升用户体验至关重要。例如，新媒体运营者通过分析用户对不同类型内容的反应，可以优化内容推荐算法，使其更加符合用户的个性化需求。在新媒体环境中，用户偏好和行为模式是动态变化的。新媒体运营者通过持续进行用户行为分析，可以及时了解用户行为变化，从而快速响应市场变动，保持品牌的竞争力。

第一节　用户行为的理论分析

一、用户行为理论基础

（一）心理学理论

在新媒体运营领域，深入了解用户行为的理论基础是实现有效运营的关键。行为心理学理论在新媒体运营领域具有重要地位，不仅揭示了用户行为背后的心理机制，还为新媒体运营提供了科学的分析和预测工具。

行为心理学理论强调了个体行为背后的心理过程。在新媒体环境中，用户的行为受到认知、情感和动机等多种心理因素的影响。例如，认知失调理论解释了用户在面对信息不一致时的心理状态和行为调整。当用户在新媒体平台上遇到与现有信念相冲突的信息时，他们可能会采取改变态度、行为或信念的方式来减少心理上的不协调感。这种理论对理解用户如何处理新媒体内容至关重要。

心理学中的奖励系统理论也在新媒体用户行为分析中发挥着重要作用。这一理论指出，人们倾向于重复那些能带来积极反馈的行为。在新媒体环境中，这种现象表现为用户对获得点赞、评论和分享等社交反馈的追求。这种社交奖励机制激励用户产生更多的内容互动，从而增强新媒体平台的黏性，提高用户活跃度。

自我决定理论在新媒体用户行为分析中也占有一席之地。该理论强调了三种基本心理需求（自主性、能力感和归属感）在激发个体行为上的作用。在新媒体平台上，用户通过发布内容、参与讨论和建构社交网络来满足这些心理需求。例如，用户通过分享个人见解和故事来表达自己的独立性和创造力，通过参与群体讨论来增强归属感。

行为心理学还关注用户习惯的养成和改变。习惯形成理论指出，重复的行为最终会形成习惯，这在新媒体用户行为中体现得尤为明显。用户可能会形成定期检查社交媒体更新的习惯。这种习惯一旦形成，就会对用户的日常生活产生深远影响。了解这一点对制订能够吸引并保持用户注意力的新媒体内容策略至关重要。

行为心理学理论为新媒体运营者提供了深入了解用户行为的理论框架。通过应用这些理论，新媒体运营者可以更好地设计和实施新媒体运营策略，以吸引和维系用户，提高用户参与度和忠诚度。这不仅有助于提升用户体验，还能给新媒体平台带来更大的商业价值和社会影响力。

情感心理学和认知心理学也不容忽视。这两个心理学分支为新媒体运营者提供了深入了解用户行为的关键视角，特别是在信息处理、态度形成和决策方面。

情感心理学研究用户情感如何影响用户决策和行为。在新媒体环境中，用户对内容的情感反应极为重要。情感反应可以是积极的（如喜悦和兴奋）或消极的（如愤怒和悲伤），这些反应在很大程度上决定了用户是否愿意与内容互动，如点赞、评论或分享。情感反应在社交媒体上具有传染性。例如，积极的内容往往能激发用户的正面情感，提高内容被分享的概率。消极的内容可能引发争议或同情，也可能促使用户参与讨论。用户对内容的情感投入是影响用户参与度的关键因素。内容如果能够引发用户强烈的情感反应，通常就能吸引用户的注意力和互动。

认知心理学关注用户如何处理信息、形成态度和做出决策。用户在接收新媒体内容时，会通过个人的认知过滤器处理信息。这包括注意力的分配、信息的解释和记忆的存储。新媒体运营者设计内容时，需要考虑这些认知过程，以确保信息被有效传达。认知偏差，如确认偏误（倾向于接受符合个人信念的信息）和可得性启发（依据容易回忆的信息做决策），在用户处理新媒体信息时扮演着重要角色。新媒体运营者了解认知偏差，能设计更符合用户预期和认知习惯的内容。

在新媒体运营中，情感和认知之间的相互作用对用户行为有着深刻的影响。情感反应可能影响认知过程，反之亦然。例如，强烈的情感反应可能导致用户对信息的选择性关注，认知偏差可能影响用户情感的产生和表达。新媒体运营者有效地结合情感心理学和认知心理学的原理，可以设计出更具吸引力和说服力的内容，如创作出能够激发用户积极情感反应的内容，考虑用户的认知偏差和信息处理方式来优化内容的呈现。新媒体运营者可设计能够引发用户特定情感反应（如幽默、惊奇或感动）的内容，从而促使用户互动和分享。考虑用户的注意力和认知负荷，新媒体运营者可设计易于理解和记忆的内容，同时避免信息过载。新媒体运营者通过结合情感吸引和认知易处理性，能够为用户提供互动性和参与性的体验。

社会心理学涵盖了群体动力学、社会影响、自我呈现等多个方面，这些概念对新媒体运营者了解用户如何在社交媒体上互动、形成态度和做出行动也有重要作用。群体动力学研究个体在群体中的行为，特别是在社交媒体这样的网络环境中。在社交媒体平台上，用户不仅与个别人互动，还与整个社群互动。群体规范和压力可以显著影响用户的态度和行为。例如，用户可能会因为想要融入某个社交群体而调整自己的发言或行为，以符合该群体的规范和期望。社会比较理论由莱昂·费斯汀格（Leon Festinger）提出，解释了个体如何通过与他人比较来评估自己的观点和行为。在社交媒体上，这种比较尤为常见。用户可能会根据他人的反应、评论或点赞数来评价自己的社交媒体表现。例如，看到他人获得大量点赞和评论的帖子，用户可能会感到压力，认为自己也需要发布类似的内容以获得认可。社会影响理论探讨了他人如何影响个体的态度和行为。在社交媒体环境中，这种影响表现为意见领袖的影响力、群体共识的形成等。用户的态度和行为可能会因为看到大多数人的某种态度或行为而发生改变，这种现象在社交媒体上尤为明显。社交媒体为用户提供了一个平台，让用户可以控制和管理他们的自我呈现。这种自我呈现通常是为了在社交网络中获得积极的反馈和印象管理。用户可能会精心策划他们的帖子和在线形象，以在社交媒体上塑造理想化的自我形象。

社会心理学为新媒体运营者提供了深入了解用户心理的理论基础，特别是在了解用户如何在社交媒体环境中互动和形成态度方面。通过应用群体动力学、社会比较理论、社会影响理论和社会认同理论，新媒体运营者可以更好地制订社交媒体策略，促进用户参与和互动。了解这些社会心理学的理论，新媒体运营者能营造更具吸引力的社交媒体环境，从而提高用户参与度和用户对品牌的忠诚度。

（二）社会学理论

从社会学的视角来看，新媒体环境中的用户行为是一种复杂的社会现象。用户在新媒体平台上的行为不仅是个体选择的结果，也是社会结构、文化背景和群体动力学共同作用的结果。社会学理论为新媒体运营者提供了理解用户行为的关键视角。

社会认同理论在新媒体用户行为分析中具有重要作用。该理论指出，个体的自我认知在很大程度上是由个体所属社会群体塑造的。在新媒体环境中，用户通过加入不同的社交网络群体，如兴趣小组、论坛或粉丝社区，塑造和表达自己的社会身份。这些群体为用户提供了共享的文化和价值观环境，影响着用户的态度和行为。例如，用户可能会在特定群体中采取与群体规范一致的行为，以维护群体成员的身份。

群体行为理论也在新媒体用户行为分析中具有重要作用。这一理论关注个体在群体中的行为模式，特别是在群体压力和群体规范的影响下。在新媒体平台上，用户的行为往往受到用户所在社交群体的影响。例如，用户可能会因为群体的影响而参与某个话题的讨论，或者分享特定类型的内容。这种群体动力学对理解用户在新媒体环境中的行为模式至关重要。

社会资本理论在新媒体用户行为分析中也占有一席之地。这一理论强调了社交网络中人际关系的价值，人际关系可以转化为信息、信任和资源等方面的支持。在新媒体环境中，用户通过建立和维护社交联系来获取和分享资源，这些资源不仅包括物质资源，还包括信息、情感支持和认同感。例如，用户可能会通过参加在线社群来获取专业知识或情感支持，这种社交资本的积累对个体的社会网络和影响力的扩大至关重要。

文化理论也为新媒体用户行为分析提供了重要的理论基础。这一理论关注文化价值观、信仰和习俗如何影响个体的决策和行为。在新媒体环境中，用户的行为受到用户文化背景的深刻影响。拥有不同文化背景的用户可能会有不同的内容偏好、交流方式和参与模式。了解文化理论对设计跨文化的新媒体内容和策略至关重要。

社会学理论为新媒体运营者提供了理解新媒体用户行为的理论基础。通过应用社会认同理论、群体行为理论、社会资本理论和文化理论，新媒体运营者可以更好地理解用户行为背后的社会动因，设计出更具吸引力和互动性的内容，从而在竞争激烈的新媒体环境中取得成功。

（三）传播学理论

在新媒体运营领域，传播学理论也为新媒体运营者提供了理解用户行为的独特视角，特别是在理解用户与媒介之间的互动关系方面。传播学理论，如双向对称模型和媒介依赖理论，揭示了新媒体环境中用户行为的复杂性和动态性。

双向对称模型强调了信息传播过程中用户与媒介之间的互动。在新媒体环境中，这种模型特别重要，因为用户不仅消费内容，还参与内容的创作和传播。例如，用户在社交媒体上的评论、分享和反馈不仅影响他们自己的信息接收，也影响其他用户的信息接收和处理。了解这种双向互动对新媒体运营者来说至关重要。新媒体运营者不仅要发布吸引人的内容，还要积极参与用户互动，与用户建立良好的沟通关系。

媒介依赖理论探讨了用户在信息不足或不确定的情况下对媒介的依赖程度。在新媒体环境中，用户对信息的需求和获取方式已经发生了变化。用户越来越依赖新媒体平台来获取新闻和娱乐内容等信息。这种依赖不仅是因为新媒体平台的便利性和可访问性，还是因为这些平台为用户提供了个性化和定制化的内容。新媒体运营者了解用户对新媒体的依赖性，能更好地满足用户的信息需求，提高用户的参与度和忠诚度。

议程设置理论解释了媒体如何通过强调特定议题来影响公众的关注点。在新媒体环境中，这一理论尤为重要，因为用户接触到的信息量巨大，信息来源多样。新媒体运营者可以通过强调某些议题或信息来引导用户的注意力和讨论。这不仅有助于增强特定内容的可见性，还可以提高品牌或议题的公共认知度。

使用与满足理论探讨了用户如何根据自己的需求和偏好选择不同的媒介内容。在新媒体环境中，用户有更大的自主权来选择他们感兴趣的内容。用户可能基于获取信息、社交互动、娱乐或个人身份表达等不同的需求来选择内容。新媒体运营者需要了解这些不同的用户需求，并为用户提供满足这些需求的内容和体验。

新媒体环境中的用户行为还受到信息过滤气泡的影响。这一现象指的是用户在新媒体平台上越来越多地接触到与自己观点相符的信息，而很少接触到不同的观点。这种过滤气泡可能限制用户的信息视野，影响用户的认知和行为。新媒体运营者需要了解这一点，为用户提供多样化的内容，以促进开放和多元的信息交流。

二、跨学科视角下的用户行为

经济学、文化研究和管理学等为新媒体运营者提供了深入了解用户行为的不同视角。通过了解和应用这些理论，新媒体运营者可以全面地了解用户行为，制订更有效的新媒体运营策略。

（一）经济学中的用户行为

经济学对用户行为的分析为新媒体运营者提供了深入了解用户行为的经济学视角，尤其在了解用户决策过程和市场交易行为方面。经济学理论，如需求理论和价格弹性理论，为新媒体运营者提供了关键的工具，使新媒体运营者能了解和预测用户对价格变化的反应。

需求理论是经济学中的基本理论，描述了价格变化如何影响消费者对商品和服务的需求量。在新媒体环境中，这一理论可以帮助新媒体运营者了解用户对付费内容的需求。例如，通过分析用户对不同价格的内容的需求，新媒体运营者可以确定哪些内容类型最有可能吸引付费用户。此外，需求理论也有助于新媒体运营者了解免费内容如何影响付费内容的吸引力，有助于新媒体运营者平衡免费内容和付费内容的比例。

价格弹性理论关注价格变化对需求量的影响程度。在新媒体运营中，这一理论有助于新媒体运营者制订产品和服务的定价策略。例如，如果用户对某种内容的需求对价格非常敏感（价格弹性高），则小幅度的价格变化可能导致需求量的显著变化。新媒体运营者可以利用这一理论来制订定价策略，以最大化收入和用户参与度。

行为经济学是经济学的一个分支，结合了经济学和心理学的理论，以理解人们在现实世界中的经济决策。在新媒体运营中，行为经济学理论，如有限理性理论和心理账户理论，为新媒体运营者理解用户的购买和消费行为提供了重要视角。有限理性理论表明，用户在做出购买决策时，可能不会考虑所有可用信息，而依赖启发和直觉。心理账户理论解释了用户如何将资金划分为不同的账户，并根据这些账户做出消费决策。

心理账户是行为经济学中的一个重要概念，由诺贝尔经济学奖得主理查德·塞勒（Richard Thaler）提出。心理账户理论的核心在于，即使资金是可互换的，人们也会根据资金的来源和预定用途对资金进行分类，并对不同类别的资金施加不同的消费规则。人们倾向于将资金分配到不同的类别或账户中，如日常开销、娱乐、教育等。每个账户都有特定的目的和规则。资金的来源影响人们对资金的使用。例如，人们可能更愿意将意外收入（如彩票中奖）用于购买奢侈品或娱乐，而将工资用于日常开销或储蓄。从不同心理账户中支出的资金，即使数额相同，人们感受到的"痛苦"或心理成本也可能不同。例如，从储蓄账户中支出的资金可能比从日常开销账户中支出的资金令人们感觉更"痛苦"。

在新媒体运营中，了解心理账户理论对制订有效的营销策略和定价策略至关重要。新媒体运营者了解用户的心理账户，可以制订更有效的定价策略。例如，如果目标用户将某类产品视为奢侈品，那么新媒体运营者可以采用高价策略，因为用户可能愿意从奢侈品心理账户中支付更高的价格。心理账户理论也可以指导促销活动设计。例如，商家提供的折扣或优惠可能被视为额外的"收入"，用户可能更愿意将这部分"收入"用于购买非必需品。新媒体运营者了解用户如何根据心理账户做出消费决策，可以设计出更吸引人的内容和服务，从而提高用户的参与度和忠诚度。

（二）文化研究与用户行为

文化背景、价值观和信仰深刻影响用户的行为和偏好，在用户对新媒体内容的接受度和用户互动方面起着决定性作用。了解这些文化因素对制订有效的跨文化内容策略和设计广告活动至关重要。

拥有不同文化背景的用户可能对相同的内容有截然不同的反应。例如，幽默和讽刺在某些文化中可能被视为智慧和创造力的体现，而在其他文化中则可能被认为是不尊重或冒犯的。这种文化差异可能源于对幽默和讽刺的文化解读不同，或由于不同文化对社会规范和行为准则的不同理解。因此，在设计新媒体内容时，新媒体运营者需要考虑目标受众的文化背景，确保内容既能吸引用户，又不会引起文化冲突或误解。

文化价值观和信仰在很大程度上影响用户对特定主题或议题的态度。例如，个人主义文化倾向于强调个人自由、自我表达和个人成就，而集体主义文化则更强调群体和谐、社会责任和集体利益。这种文化差异会影响用户对广告、新闻报道和社交媒体内容的反应。在个人主义文化中，强调个人成就和自我提升的内容可能更受欢迎；而在集体主义文化中，强调社会和谐和团队合作的内容可能更能引起共鸣。

社会规范和传统在不同文化中的重要性也对用户行为产生影响。在某些文化中，遵守社会规范和传统被视为至关重要，而在其他文化中，挑战规范和传统可能被视为创新和进步的象征。这种文化差异会影响用户对新媒体内容的接受度和互动方式。例如，传统和保守的文化可能对新颖的、具有挑战性的内容持保留态度，而开放和自由的文化则可能对这类内容更加接受和欢迎。

鉴于文化背景对用户行为的深刻影响，新媒体运营者需要制订有效的跨文化运营策略。为此，新媒体运营者需要对不同文化背景的用户进行细分市场分析，了解不同文化群体的特定需求和偏好，并据此设计符合文化群体文化期望的内容和广告。同时，新媒体运营者还需要考虑文化多样性和包容性，确保新媒体内容对不同文化背景的用户都是友好和尊重的。

总之，文化背景对用户行为的影响在新媒体运营中不容忽视。新媒体运营者需要深入了解不同文化背景下用户的行为模式，考虑文化价值观、社会规范和传统对用户的影响，从而制订有效的跨文化内容策略。这样，新媒体运营者不仅能够吸引更广泛的受众，还能提高用户的参与度和满意度。在经济全球化和文化多元化的时代，对文化差异的敏感性和了解是新媒体运营成功的关键。

（三）管理学与用户行为

管理学作为研究组织和个体如何有效运作的学科，为人们提供了多种理论和模型来解释和预测用户行为。其中，期望理论和心流理论在解释用户动机和行为方面尤为突出。这两种理论虽然源自不同的学术背景，但在实际应用中都为新媒体运营者提供了宝贵的视角，有助于新媒体运营者制订更有效的管理策略。

期望理论由维克托·弗鲁姆（Victor H. Vroom）提出，关注个体如何基于对结果的期望和这些结果的价值来做出决策。在管理学中，期望理论被用来解释员工的工作动机，指出员工的努力程度取决于他们对工作结果的期望和这些结果对他们的重要性。期望理论能帮助新媒体运营者了解用户对产品或服务的期望，以及这些期望如何影响用户的购买和使用行为。在新媒体环境中，期望理论有助于解释用户为何选择与特定的内容互动。用户的参与决策通常基于对内容价值的期望，内容价值可能包括获取信息的价值、娱乐享受的价值或社交互动的价值。用户可能寻求新媒体内容以获取有用的信息。如果新媒体内容能够满足用户的信息需求，那么用户更有可能评论和分享这些内容。许多用户使用新媒体平台寻求娱乐和放松。吸引人的故事、有趣的视频或互动游戏等能够为用户提供高娱乐价值，从而吸引用户。新媒体平台也是用户进行社交互动的场所。新媒体内容能够促进社交互动，如讨论、分享和评论，提高用户的参与度。

心流理论由米哈伊·契克森米哈伊（Mihaly Csikszentmihalyi）提出，描述了个体在完全投入某项活动时的心理状态。这种心理状态是一种高度集中的沉浸体验，通常伴随着时间感的丧失和强烈的个人满足感。在管理学中，心流理论被应用于工作场所的设计，有助于提高员工的生产力和创造力。心流理论在多个领域有广泛的应用，如教育、艺术、运动和游戏设计等领域。在新媒体运营领域，心流理论被用来创作吸引人的内容，以提高用户的参与度和满意度。在用户行为研究中，心流理论被用来设计引人入胜的用户体验，特别是在数字产品和在线服务中，以促进用户参与，提高用户忠诚度。在新媒体平台上，创作能够引起用户参与的内容至关重要。心流体验是一种非常吸引人的状态。用户在这种状态下可能会完全沉浸在内容中。例如，引人入胜的故事、互动性强的内容或具有挑战性的游戏都能促进心流体验的产生。新媒体内容要具有一定的挑战性，又要在用户的接受范围之内。过于简单的内容可能导致用户感到无聊，而过于复杂的内容则可能导致用户产生挫败感。心流体验还与新媒体内容的易用性、互动性和视觉吸引力密切相关。直观、美观的用户界面可以增强用户的沉浸感。

第二节　用户数据收集与分析

收集和分析用户数据，不仅能揭示用户偏好和行为模式，还对新媒体运营策略的制订与优化具有不可替代的作用。在尊重隐私、遵守法律法规的框架内进行有效的数据挖掘和分析，有利于制订行动策略，从而在数据驱动的新媒体环境中实现更精准和有效的新媒体运营。

一、用户数据收集方法

（一）量化数据收集

量化数据收集涉及收集可被量化或以数字形式表示的数据。这些数据通常包括用户互动数据和用户行为数据，能帮助新媒体运营者做出基于数据的决策。量化数据的主要优势在于具有客观性、易于被大规模分析。这种数据为新媒体运营者提供了可度量的、具体的信息，使新媒体运营者能够准确地评估用户行为和偏好、快速识别用户行为模式。在新媒体运营中，这些数据不仅能帮助新媒体运营者了解用户行为，还能够指导营销策略的调整和内容创作的方向。

用户互动数据是量化数据的重要组成部分，包括用户在新媒体平台上的各种活动数据，如点击率、浏览时间、页面浏览量、点赞、评论和分享数据等。这些数据可以通过网站分析工具和社交媒体分析平台自动收集。通过分析这些数据，新媒体运营者可以了解哪些内容最能吸引用户、哪些营销策略最有效，以及用户在平台上的行为模式。

1. 点击率和浏览时间

点击率和浏览时间是衡量用户对内容的兴趣和用户参与度的关键指标。高点击率表明内容对用户具有吸引力。较长的浏览时间表明用户对内容更加投入。这些指标对评估内容的有效性和优化用户体验至关重要。

2. 转化率

转化率是衡量用户从潜在客户转变为实际客户的比例。在电子商务和在线营销中，转化率是衡量广告和营销活动成功的关键指标。通过分析转化率，新媒体运营者可以了解哪些营销策略能促进销售，从而优化广告投放，提高投资回报率。

3. 购买历史

通过分析用户的购买历史，新媒体运营者可以了解用户的购买习惯、偏好的产品类型和购买周期。这些信息对个性化推荐、库存管理和销售预测非常重要。

4. 搜索、查询

用户的搜索、查询数据为新媒体运营者提供了关于用户兴趣和需求的直接信息。新媒体运营者分析这些数据，可以制订搜索引擎优化策略，提高网站的可见性和吸引力。

量化数据收集和分析在新媒体运营中具有至关重要的作用。通过收集和分析用户互动数据和用户行为数据，新媒体运营者可以获得有价值的用户信息，优化内容创作和营销策略。同时，新媒体运营者需要注意数据收集和分析过程中的伦理和隐私问题，确保数据收集和分析符合法律法规。

（二）质性数据收集

与量化数据的客观性和数字化特征不同，质性数据主要是非数值化的信息，如用户的意见、态度和感受。新媒体运营者对这类数据进行收集和分析，能了解用户行为背后的动机和情感。在新媒体运营中，质性数据收集不容忽视，有助于解释量化数据揭示的用户行为模式。通过质性数据收集和分析，新媒体运营者可以获得用户对产品或服务的具体看法、感受和改进建议信息，从而更好地满足用户需求，优化用户体验。

1. 访谈

访谈是一种常用的质性数据收集方法。通过面对面访谈或在线访谈，新媒体运营者可以深入了解用户的想法和感受。访谈为新媒体运营者提供了与用户直接交流的机会，有助于新媒体运营者了解用户的真实想法和需求。

2. 焦点小组

焦点小组是一种集体讨论的形式，旨在收集来自特定用户群体的意见和反馈信息。在焦点小组中，参与者被鼓励自由讨论特定主题或产品，从而产生深入的见解和多样的观点。

3. 社交媒体分析

社交媒体平台是质性数据的宝库。通过分析用户在社交媒体上的评论、帖子和互动，新媒体运营者可以获得关于用户态度和感受的即时信息。社交媒体分析有助于新媒体运营者了解用户对当前话题的反应。

二、数据分析

（一）量化数据分析

1.数据挖掘

在新媒体运营领域，数据挖掘作为一种从大量数据中提取有价值信息的技术，发挥着至关重要的作用。数据挖掘不仅仅是一种技术手段，更是一种战略工具，能帮助新媒体运营者深入了解用户行为、优化产品和服务、制订更有效的市场策略。数据挖掘涉及使用统计学、机器学习和模式识别技术来分析和解释数据。数据挖掘技术使新媒体运营者能够从原始数据中发现不明显的模式和关联，从而获得有价值的信息。统计分析是数据挖掘的基础，包括描述性统计分析、推断性统计分析和预测性建模。统计分析能帮助新媒体运营者了解数据的基本特征，如中心趋势、分布和变异性。机器学习为新媒体运营者提供了一种自动化分析大量数据的方法。通过训练算法识别模式和趋势，机器学习可以用于用户行为预测、用户细分和个性化推荐系统。模式识别涉及识别数据中的重复模式，如用户购买行为的周期性模式或用户互动的特定模式。

数据挖掘在新媒体运营中的应用广泛而深入，可以帮助新媒体运营者更好地了解用户、优化用户体验并提高运营效率。通过数据挖掘，新媒体运营者可以根据用户的行为、偏好，将用户分为不同的细分市场。这种细分使得营销活动更加精准和个性化。数据挖掘技术可以用来预测用户的未来行为，如用户购买概率、流失风险或内容偏好。这种预测对制订预防措施和优化营销策略至关重要。在新媒体平台上，个性化推荐系统利用数据挖掘技术，为用户推荐相关内容或产品。这种推荐基于用户的过去行为和偏好，能提高用户参与度和满意度。数据挖掘可以揭示市场趋势和用户行为的变化。新媒体运营者可以利用这些信息来调整产品策略或预测未来的市场需求。

2.行为模式识别

行为模式识别注重识别用户行为的特定模式和规律，如用户购买路径、内容消费习惯和互动模式。通过分析用户行为模式，新媒体运营者可以更好地了解用户的需求和偏好，从而优化内容策略和营销活动。例如，新媒体运营者利用行为模式识别，了解用户在特定时间段内的活跃模式，可以确定合适的内容发布时间。在新媒体运营领域，用户行为的量化模型是了解和预测用户行为的关键工具。这种模型通过分析大量数据，揭示用户行为的模式和趋势，能为新媒体运营者提供决策支持。

（1）数据驱动的用户行为分析。在新媒体运营领域，数据驱动的用户行为分析至关重要。这种用户行为分析依赖大数据技术，通过揭示用户行为的模式和趋势，帮助新媒体运营者深入了解用户。在新媒体平台上，用户留下了大量的互动数据，如点击率、浏览时间、评论和分享数据等，这些数据为分析用户行为提供了丰富的信息来源。通过对这些数据进行收集和分析，新媒体运营者可以了解用户行为。通过分析用户对不同内容的反应，新媒体运营者可以识别出最受欢迎的内容主题或格式。这种分析对内容创作和制订推广策略极为关键。新媒体运营者了解用户对特定类型的内容有何反应，可以优化内容策略，确保新媒体内容符合用户的兴趣和需求。例如，通过分析用户对某一话题的点击率和参与度，新媒体运营者可以确定这一话题是否具有吸引力，进而确定内容创作方向。通过观察不同内容格式（如视频、图文、直播等）的表现，新媒体运营者可以了解用户偏好的内容格式，优化内容创作。

对用户行为的时间模式的分析也非常重要。新媒体运营者了解用户在何时段更活跃，可以确定合理的内容发布时间，提高内容的曝光率和用户参与度。例如，新媒体运营者分析用户在工作日与周末的活跃时间差异，可以确定最佳的内容发布时间。季节变化也是影响用户行为的重要因素。特定的节假日或季节可能会影响用户的行为模式。新媒体运营者需要根据用户行为模式调整内容策略。

潜在因素描述模型（latent factor model）作为一种有效的工具，可用于描述和预测用户行为。[①]这种模型通过分析用户的历史数据，如用户购买历史和反馈，揭示用户的潜在偏好。例如，在电子商务领域，分析用户的购物历史和评价，可以预测用户对不同产品的偏好，从而为用户推荐更符合其口味的商品。在新媒体领域，这种模型可以帮助新媒体运营者更好地了解用户的需求和期望、为用户提供更加个性化的内容和服务。

（2）用户行为预测模型。这种模型也是新媒体运营中的一个重要工具。这种模型利用历史数据和机器学习算法来预测用户未来的行为。例如，基于用户过去的浏览和购买历史，用户行为预测模型可以推断出用户可能感兴趣的新产品或内容。这种预测模型不仅有助于个性化推荐，还可以用于预测市场趋势和用户需求变化。用户行为预测模型的准确性直接影响新媒体运营的效果，因此不断优化这种模型以提高预测准确率是新媒体运营者的重要任务。新媒体运营者利用这种模型对大量用户数据进行分析，可以了解用户行为，预测用户未来的行为，从而及时调整营销策略，以应对市场的快速变化。

扩散模型、选择模型、层次贝叶斯模型是分析和预测用户行为的三种主要模型。[②]扩散模型专注于产品或信息在用户群体中的传播过程，能帮助新媒体运营者了解某一产品或信息如何在社交网络中传播，以及哪些因素影响产品或信息传播速度和范围。选择模型分析用户如何在不同选项中做出选择，揭示了用户决策过程中的偏好和动机。层次贝叶斯模型用于处理个体或群体层面的数据，揭示用户行为的潜在结构。这种模

① VELLIDO A, LISDOA P J G, MEEHAN K. Quantitative characterization and prediction of online purchasing behavior: a latent variable approach[J]. International journal of electronic commerce, 2000, 4(4): 83-104.

② MONTGOMERY, ALAN L. Applying quantitative marketing techniques to the Internet[J]. Interfaces, 2001, 31(2): 90-108.

型特别适用于处理大规模数据集，能够揭示用户行为背后的复杂动态。

长短期霍克斯过程模型是一种用于分析用户行为序列中的时间依赖性的模型。[①]这种模型特别适用于社交媒体平台，可以分析用户如何随时间互动，以及这些互动如何影响未来的行为。例如，这种模型可以用来预测用户何时可能会发表评论、分享内容或参与在线讨论。这种模型的应用对优化内容发布时间和提高用户参与度至关重要。

尽管上述模型在新媒体运营中具有显著的优势，但它们的应用也面临挑战。首先，这些模型需要大量的数据来训练和验证，这要求新媒体运营者具备收集和处理大数据的能力。其次，这些模型的准确性直接影响新媒体运营决策的有效性，因此新媒体运营者需要不断地调整和优化模型，以适应不断变化的用户行为和市场环境。

（3）行为分析的算法与模型。行为分析的工具与算法是实现数据驱动分析和用户行为预测的基础。这些工具和算法包括数据挖掘技术、自然语言处理技术、情感分析和复杂网络分析等。数据挖掘技术可以从大量数据中提取有价值的信息和模式。自然语言处理技术可以分析用户的文本信息，如评论和帖子，能帮助新媒体运营者了解用户的意见和情感。情感分析适用于评估用户对品牌或产品的态度。复杂网络分析有助于新媒体运营者了解用户在社交网络中的互动模式和影响力。这些工具和算法的应用能提高用户行为分析的效率和准确性，为新媒体运营者提供有用的信息。

发现者模型是一种用于量化研究在线社交系统中发现者的行为模式

---

① CAI R, BAI X, WANG Z, et al. Modeling sequential online interactive behaviors with temporal point process[C]//Proceedings of the 27th ACM International Conference on Information and Knowledge Management. New York: Association for Computing Machinery, 2018: 873-882.

的工具。①发现者是收集后来变得流行的项目的用户。通过统计时间感知框架和简单的网络模型，研究者可以研究发现者的发现模式。发现者模型对了解用户如何发现和传播新内容至关重要，可以帮助新媒体运营者识别潜在的市场趋势和热门话题。视觉注意力模型基于心理学理论，专注于分析用户如何分配他们的视觉注意力。②在新媒体环境中，视觉注意力模型可以用于分析用户如何在众多信息中筛选和关注特定内容。这种模型对设计吸引用户注意力的内容和广告至关重要。SIR 传播模型（susceptible infected recovered model）用于研究用户行为特征对信息传播的影响。③这种模型可以帮助新媒体运营者了解信息如何在用户之间传播，以及哪些因素影响信息的传播速度和范围。这对制订有效的内容传播策略和优化社交媒体活动至关重要。通过应用这些行为分析模型，新媒体运营者可以获得对用户行为更深入的了解，从而制订更有效的营销策略。

（二）质性数据分析

质性数据分析通常涉及对文本数据的编码和主题分析。这一过程包括识别、分类和解释数据中的模式和主题。新媒体运营者需要仔细阅读用户的反馈信息，从中提取关键信息，并利用这些信息优化运营策略。质性数据分析通过对用户反馈、评论和故事的深入分析，提取关于用户行为、态度和情感的有用信息。质性数据分析的核心在于了解用户的需求、感受和行为动机。与量化数据分析不同，质性数据分析能为新媒体运营者提供更丰富、更深层次的信息，能揭示用户行为背后的原因和动机。

① MEDO M, MARIANI M S, ZENG A, et al. Identification and impact of discoverers in online social systems[J]. Scientific reports, 2016, 6(1): 34-218.
② LAZAR A. Modeling visual attention[J]. Behavior research methods, 2006, 38(1): 123-133.
③ HAN S C, LIU Y, CHEN H L, et al. Influence model of user behavior characteristics on information dissemination[J]. International journal of computers, communications & control, 2016, 11(2): 209-223.

1. 主题分析

主题分析是一种常用的质性数据分析方法，涉及识别数据中的重复模式或主题。例如，通过主题分析，新媒体运营者可以识别用户对产品特定功能的普遍态度，如满意度、偏好或不满。这些信息对产品改进和用户体验优化至关重要。主题分析还可以揭示用户对服务的常见投诉。这些信息对识别和解决问题、提高服务质量至关重要。

2. 用户故事和情感分析

用户故事和情感分析也是一种重要的质性数据分析方法，关注了解用户的个人经历和情感反应。用户故事和情感分析可以揭示用户与产品或服务的情感联系。这种情感联系可能基于用户个人经历、价值观或需求，对于提高用户对品牌的忠诚度和用户参与度至关重要。了解用户的情感反应，有助于理解用户的行为和决策。例如，用户可能因为与品牌的情感共鸣而做出购买决策，或因为负面情感体验而避开某个品牌。

质性数据分析还涉及对文本数据的编码和解释。这一过程包括将文本数据分解为可管理的代码，然后对这些代码进行分类和分析。编码是将大量文本数据分解为更小的、可管理的段落或短语的过程。这些段落或短语被赋予代表其含义的代码。编码后的数据被用于识别模式、趋势和关联。这些模式有助于新媒体运营者了解用户行为的共同特征和差异。

第三节　影响用户行为的因素分析

用户行为不是孤立发生的，而是受到多种因素的影响，如社会文化因素、个人心理因素、技术因素和感知价值等。这些因素共同作用，塑造了用户在新媒体平台上的行为模式。

一、社会文化因素

社会文化因素，如社会规范、文化价值观和群体行为等，塑造了用户在社交媒体上的行为模式和互动方式。

（一）社会规范

社会规范虽然未必有明文规定，但对新媒体用户有强大的影响力。社会规范在新媒体环境中的影响是复杂且微妙的，塑造了用户的在线行为。社会规范促使用户在社交媒体上进行自我监控。这种监控不仅影响用户分享内容，还影响用户的互动方式。为了避免负面反馈或社交排斥，用户可能会对自己的言论进行审查。这种自我审查可能限制了用户表达真实自我的能力，但也帮助用户维护在线形象和社交关系。用户在社交媒体上的自我展示往往是精心策划的。用户可能会分享能够展现自己最佳形象的内容，同时避免呈现可能损害自己社交形象的信息。

隐性规范即未被明确表述但广泛被社群成员接受和遵循的行为标准，对用户行为有深远的影响。这些规范可能源于文化传统、社会期望或群体共识。在社交媒体上，用户在选择分享什么内容时，往往会考虑这些隐性规范。例如，用户可能会避免分享过于极端或具有争议性的观点，以免违反群体的期望或引起不必要的冲突。用户在社交媒体上的交流风格也受到隐性规范的影响。用户可能会调整自己的语言和表达方式，以更好地融入特定的社交群体或遵循社交群体的交流习惯。

社会规范在群体中发挥着关键作用，特别是在形成群体认同和增强群体凝聚力方面。在社交媒体上，共享的社会规范有助于形成群体认同。用户通过遵守社会规范，感到自己是群体的一部分，从而增强了群体的凝聚力。社会规范有时也会产生群体压力，促使个体遵循大多数人的行为模式。在社交媒体上，这可能表现为对热门趋势的追随或对主流观点的认同。

社会规范在新媒体运营中的作用不容忽视。新媒体运营者了解社会规范如何影响用户行为，有利于制订有效的沟通策略，提高用户参与度。新媒体运营者需要深入了解隐性规范，并在制订内容策略和营销策略时考虑这些规范的影响，从而更有效地吸引用户，同时维护积极和健康的在线社交环境。

（二）文化价值观

文化价值观在新媒体运营中的作用不局限于驱动用户行为，还深刻地影响着用户的认知、信息处理方式以及与内容的互动模式。了解文化价值观对用户的多维影响对制订有效的新媒体运营策略至关重要。不同文化背景的用户在处理信息和解释内容时表现出的认知模式存在差异，这是新媒体运营中不可忽视的因素。认知模式差异不仅影响用户接收和理解信息，还影响用户的行为和反应。

在个人主义文化中，用户可能更加重视个人自由、独立和自我表达。他们可能更倾向于分享反映个人观点和成就的内容。在集体主义文化中，用户可能更注重群体和谐、社会关系和团体归属感。这种文化背景下的用户可能更倾向于分享强调社群和团结的内容。不同文化背景下的用户在处理信息时可能采用不同的策略。例如，一些文化可能鼓励直接和明确的沟通方式，而其他文化则可能更倾向于间接和含蓄的表达方式。在新媒体运营中，考虑文化价值观对用户的多维影响对制订有效的内容策略至关重要。新媒体运营者不仅要了解不同文化背景下用户的行为模式，还要深入了解用户的核心价值观和信息偏好。制订内容策略时，新媒体运营者需要考虑内容的文化相关性。新媒体内容不仅要吸引用户，还要与用户的文化价值观和认知模式相契合。例如，针对集体主义文化背景下的用户，内容策略可能更强调社区、合作和团队精神。

新媒体运营者需要深入了解用户的文化价值观，并在制订内容策略和沟通策略时考虑到文化价值观。通过制订适应性策略，新媒体运营者可以更有效地吸引不同文化背景下的用户，从而实现更广泛的新媒体影响。

（三）群体行为

群体行为在社交媒体上的复杂动态是新媒体运营中不可忽视的现象。群体行为不仅反映了群体压力或趋同行为，也涉及社会心理机制，这些机制在虚拟空间中表现得尤为明显。在社交媒体上，群体行为表现为群体认同与行为模仿等。群体认同的形成是一个复杂的心理过程，不仅基于群体共同的兴趣或观点，也基于个体对所属群体的情感联系和认同。行为模仿不仅是为了融入群体，也是一种心理上的自我确认。个体观察到群体中的行为模式并进行模仿时，在无意识中寻求与群体的一致性，从而增强自己的群体认同感。在社交媒体上，群体认同感的形成与个人身份的塑造密切相关。用户通过与特定群体的互动和模仿，不仅能表达对该群体的认同，也能塑造和确认自己的社会身份。

社交媒体上的群体行为受到意见领袖和关键影响者的影响。这些意见领袖和影响者通过各种方式间接地塑造群体的行为规范和态度。意见领袖在社交媒体上通过影响力和权威性，能够显著影响群体成员的看法和行为。意见领袖的观点和行为往往被群体成员视为模范，能引导群体的整体态度和行为趋势。社交媒体上的信息传播不仅是内容的简单传递，也是一种社会影响的过程。意见领袖和关键影响者通过分享特定的信息，能够在群体中引发讨论、达成共识，甚至能改变群体的行为模式。通过与意见领袖合作或增强群体认同感，新媒体运营者可以有效地引导群体行为。这种引导不仅能够增强新媒体内容的影响力，还能够提高用户忠诚度和参与度。

群体行为在社交媒体上的复杂动态在新媒体运营中是不可忽视的。通过深入了解群体行为动态，新媒体运营者可以更有效地与用户群体互动，设计更具影响力的新媒体内容。在这个过程中，考虑群体行为的心理机制和社会机制是实现有效运营的关键。

二、个人心理因素

在新媒体运营中，个人心理因素不仅影响用户的行为，还影响用户与新媒体内容的互动方式和用户体验。

（一）用户动机

在新媒体运营领域，用户动机是用户互动和参与的基础。用户动机多样、复杂，在不同的情境中表现出不同的特点。深入了解用户动机的本质和影响，对于制订有效的新媒体运营策略至关重要。

信息寻求和知识获取是驱动用户使用新媒体的主要动机之一。这种动机背后的心理机制涉及好奇心、学习欲望和信息处理的需求。好奇心是人类的基本心理特征之一，驱动用户寻找新信息。在新媒体环境中，好奇心可以表现为对新闻、新技术或专业知识的追求。用户通过获取和处理信息来满足认知需求。这种需求可能源于职业发展、个人兴趣或解决特定问题。新媒体平台通过为用户提供丰富的信息资源，满足了用户的这种认知需求。

对于寻求娱乐的用户，新媒体提供了放松和娱乐的空间。寻求娱乐动机背后的心理机制包括寻求愉悦体验和减轻生活压力。人类天生寻求愉悦，避免痛苦。在新媒体上，用户通过观看幽默视频、参与互动游戏或浏览有趣的内容来获得愉悦体验。新媒体作为一种娱乐的工具，能帮助用户暂时摆脱日常生活的压力和挑战。这种娱乐可以是积极的心理调节机制，能帮助用户放松和恢复精力。

基于用户的动机和兴趣，新媒体平台可以为用户提供个性化的内容推荐。这种推荐不仅能提高用户的参与度，还能提高内容的相关性和吸引力。在设计用户互动和参与机制时，考虑用户的主要动机至关重要。例如，对于寻求信息的用户，新媒体平台可为他们提供深入的分析和专业的讨论；对于寻求娱乐的用户，新媒体平台可为他们提供互动性强和娱乐性强的内容。通过深入了解用户动机的心理基础和表现形式，新媒体运营者可以更有效地吸引用户，为用户提供更加丰富的新媒体体验。在这个过程中，考虑用户动机的多样性和用户个性化的需求是实现有效运营、提高市场竞争力的关键。通过深入了解用户动机、制订新媒体运营策略，新媒体运营者可以吸引广泛的用户群体，从而让新媒体成功地运营。

（二）用户态度和情感

用户对特定内容或品牌的态度和情感反应，不仅影响用户的行为，还深刻影响着他们对品牌的忠诚度。

情感共鸣是用户与品牌之间建立深层情感联系。这种共鸣可能源于品牌故事、价值观的共享或品牌与个人经历的联系等。品牌故事的力量在于品牌故事能够触动人心，引起用户情感共鸣。一个引人入胜的品牌故事不仅传达了品牌的价值观和理念，还能够与用户的个人经历和情感产生共鸣，从而提高用户对品牌的忠诚度。当品牌的价值观与用户的价值观相契合时，用户更可能对品牌产生强烈的忠诚感。这种价值观共享可以在多个方面发生，如环保意识、社会责任或生活方式。

用户对品牌的态度是基于他们的认知、情感体验和行为倾向形成的。这种态度并非固定不变的，而是可以通过多种方式发生改变。用户的态度受到他们对信息的认知的影响。新信息，如产品的改进或品牌形象的更新信息，可以改变用户对品牌的认知，从而影响他们对品牌的态度。社交媒体上的互动和讨论也是影响用户态度的重要因素。通过与其他用户交流和分享，用户可能会重新评估自己对某个品牌的看法。用户的个人体验对态度的形成至关重要。积极的体验，如优质的客户服务或满意的产品体验，可以强化用户的正面态度，而负面体验则可能导致用户态度恶化。

通过促进用户情感共鸣和积极态度形成，品牌可以在竞争激烈的市场中脱颖而出，打下稳固的用户基础。新媒体运营者需要关注品牌故事的情感吸引力、价值观的共享以及用户体验的优化；同时，了解态度形成和改变的机制，有效地引导用户行为，塑造积极的品牌形象。在这个过程中，新媒体运营者应采用基于证据的方法，结合心理学和社会学的理论，深入了解和应对用户的态度和情感反应。

三、技术因素

技术与认知行为的相互作用是一个复杂的研究领域。随着新媒体技术的快速发展，尤其是算法和人工智能的应用，用户的信息处理方式正在经历革命性的变化。这些变化不仅影响了用户接收和处理信息，还重塑了用户的认知结构和知识构建方式。

（一）信息处理方式的演变

在新媒体平台上，算法驱动的内容推荐系统通过分析用户的历史行为和偏好来进行个性化内容推荐。这种系统的普及改变了用户获取信息的路径。用户不再需要主动搜索信息，而被动接收算法推荐的内容。这影响了用户的认知过滤机制，可能导致用户在信息的选择和解释上出现偏差。随着信息量的激增，用户越来越依赖算法来过滤和选择信息。这种依赖可能导致选择性注意的现象，即用户可能忽略不符合他们现有信念或偏好的信息。长期而言，这可能导致认知闭塞，限制了用户视野的广度。新媒体技术通过简化信息获取和处理的过程，减轻了用户的认知负荷。这使得用户能够更轻松地接触和消费大量信息。然而，这种易访问性也带来了信息过载的问题。用户在海量信息中徘徊，难以深入理解或批判性地评估接收的信息。在新媒体环境中，用户越来越倾向于进行浅层的信息处理，如快速浏览和扫描式阅读，而不进行深入思考和理解。这种浅层信息处理可能影响用户的深度学习能力和批判性思维，影响用户对复杂问题的理解和分析。

新媒体运营者应认识到信息处理方式对用户行为的影响，特别是在信息处理和消费方面。了解用户如何在新媒体环境中处理信息，以及这种信息处理方式如何影响用户的认知结构和知识构建，对于制订有效的内容策略和提高用户参与度至关重要。此外，新媒体运营者还需要关注信息过载和信息浅层处理可能带来的挑战，探索在新媒体环境中促进深度学习和思考。这样，新媒体运营者可以适应技术变革，为用户提供更加丰富的、互动的体验。

（二）社交互动的虚拟化

社交互动的虚拟化是一种复杂的现象，不仅改变了社交网络的结构和功能，还重塑了用户的社交行为和身份认同。新媒体技术的发展使得社交网络从传统的基于物理空间的网络转变为基于虚拟平台的网络。这种转变使得社交互动不再受地理位置的限制，人们可以与全球各地的人建立联系，进行互动。在虚拟社交网络中，社交规范经历了显著的变化。社交规范不再仅仅由物理社区的传统和习俗决定，而是由网络社群的共同行为和互动模式塑造。这使新的社交规范得以形成，如在线礼仪、隐私保护和网络安全。

虚拟社交网络中的群体压力对用户的行为产生了显著影响。用户可能会在群体的影响下调整自己的行为和发言，以适应网络社群的期望和规范。新媒体平台为用户提供了独特的空间，让用户可以自由地塑造和展示他们的虚拟身份。这种身份塑造不仅反映了用户的个人特点和价值观，还体现了用户希望向外界展示理想化形象。

在新媒体平台上，用户可以通过多种方式表现自己，如通过填写个性化的个人资料、分享照片、发布状态信息和参与在线讨论。自我表达的多样性使得用户能够展示自己的多面性。用户在新媒体平台上的自我表达方式深刻影响了他们的社交行为。用户可能会根据他们的虚拟身份和所属网络社群的特性来调整自己的社交策略和互动方式。

新媒体运营者需要深入了解社交互动的虚拟化，以便制订和优化社交策略，提高用户参与度，并建立稳固的社群。在这个过程中，新媒体运营者应采用基于数据和用户行为分析的方法，结合社会心理学和社会学的理论，深入了解和应对社交互动的虚拟化对用户行为的影响。这样，新媒体运营者可以更有效地适应社交网络的变化，优化用户体验。

（三）个性化的内容推荐和用户体验

随着算法和人工智能技术的发展，用户的决策自主性和行为预测正在经历前所未有的变化。这些变化不仅影响了用户的个人体验，还对整个新媒体生态系统的运作方式产生了深远的影响。新媒体平台上的算法推荐系统为用户提供了便捷的内容发现途径，但也可能限制了用户的信息范围。这种算法驱动的内容筛选可能导致"过滤泡沫"现象，即新媒体平台只为用户呈现与用户现有观点和兴趣一致的信息。这种现象可能会削弱用户的信息多样性，限制用户接触新观点和不同信息的机会。随着用户越来越依赖算法推荐，用户在信息选择上的主动性可能逐渐减弱。这种依赖可能影响用户的决策自主性，使用户在不知不觉中接受算法的引导和选择。

新媒体技术的发展，特别是大数据技术和机器学习技术的应用，使得新媒体平台对用户行为的预测变得更加精准。这种技术介入使新媒体平台不仅能够预测用户可能感兴趣的内容，还能预测用户的购买行为、社交互动乃至情感反应。技术介入为用户提供了更加个性化的体验，在无形中引导了用户的行为和选择。这种引导可能在用户不完全意识到的情况下发生，在一定程度上影响了用户的偏好和行为模式。

技术对用户决策过程的影响是新媒体运营中一个不可忽视的领域。新媒体运营者需要深入了解算法推荐系统和行为预测技术的工作原理及其对用户行为的影响。在制订和实施新媒体运营策略时，新媒体运营者应考虑如何平衡算法的便利性和用户决策的自主性，确保信息的多样性和用户的独立思考。此外，新媒体运营者还需要关注技术介入对用户行为的潜在影响，探索利用先进技术提升用户体验，同时保护用户的个人隐私和自主权。这样，新媒体运营者可以更好地适应技术变革，为用户提供更好的新媒体使用体验。

四、感知价值

感知价值是用户对产品或服务价值的主观评价，不仅影响用户的购买决策，还影响用户对品牌的忠诚度和用户持续参与。深入了解感知价值及其对用户行为的影响，对于制订有效的新媒体运营策略至关重要。

（一）感知价值的多维性

感知价值不仅是用户评价产品或服务的基础，也是驱动用户行为的关键因素。感知价值具有多维性。用户对产品或服务质量的感知是感知价值的核心组成部分，不仅涉及产品的功能性和可靠性，还涉及用户体验的整体质量。在新媒体环境中，用户体验的质量尤为重要，因为它直接影响用户的满意度和忠诚度。用户通常将价格作为价值的一个重要指标。价格不仅是成本的体现，也是品牌定位和价值主张的反映。然而，高价格并不总是等同于高感知价值。用户的感知价值还取决于他们是否认为价格与产品或服务提供的价值相匹配。用户的感知价值不仅基于产品的功能，还包括与产品相关的情感价值。情感价值可能源于产品的设计、品牌故事或用户与产品的个人联系。在新媒体环境中，品牌通过故事讲述和情感营销可以显著提升产品的情感价值。产品或服务的社会价值也是感知价值的一个要素。产品或服务的社会价值可能包括产品的环保特性或品牌对社会福祉的贡献等。社会价值也是影响用户感知价值和购买决策的重要因素。

用户的购买决策在很大程度上受到感知价值的影响。当用户感知到高价值时，他们更有可能进行购买，并愿意为此支付更高的价格。相反，如果产品感知价值低，那么用户可能会寻找性价比更高的替代品。感知价值是提高用户对品牌忠诚度的关键因素。用户对品牌的忠诚不仅基于对产品质量的满意，还基于对品牌价值主张和社会责任的认同。品牌可以通过提高产品质量、优化品牌形象和实施社会责任计划来提升用户的感知价值。高感知价值还能促进用户长期参与品牌活动和积极推荐产品。

对品牌满意的用户更可能成为品牌的忠实支持者，通过口碑和社交媒体来推广品牌。

感知价值在新媒体运营中的作用不容忽视。新媒体运营者需要深入了解感知价值的多维性，并据此制订有效的新媒体运营策略。通过提高产品和服务的质量、合理定价、优化品牌形象和实施社会责任计划，新媒体运营者可以提高用户的感知价值，从而提高用户满意度和忠诚度。在这个过程中，新媒体运营者应采用基于数据和用户行为分析的方法，结合市场营销和消费者心理学的理论，深入了解和应对感知价值对用户行为的影响。这样，新媒体运营者可以更有效地吸引用户，实现营销目标。

（二）质量、价格与感知价值

质量、价格与感知价值之间的复杂关系会影响用户对产品或服务的整体评价，进而影响用户的购买决策和对品牌的忠诚度。

在用户心中，质量不仅是产品的物理特性，如耐用性和功能性，还涉及与产品相关的用户体验。在新媒体环境中，用户体验涉及用户界面的友好程度、服务的响应速度和客户支持的有效性。除提升产品质量外，优化用户体验和服务也至关重要。高质量的产品或服务能够提高用户对品牌的信任度和忠诚度。在新媒体平台上，用户的评价和反馈信息可以迅速传播。因此，维持高质量标准对树立和保持良好的品牌形象至关重要。在许多情况下，用户将价格视为质量的一个重要指标。高价格往往被视为高质量、高端品牌和优越性能的象征。然而，这种感知可能会受到市场条件、竞争策略和目标客户群体的影响。用户的价格敏感性因人而异，这影响了用户对价格与价值匹配的感知。对于预算有限的用户，即使产品质量较高，过高的价格也可能导致感知价值下降。相反，对于不太关注价格的用户，高价格可能增强了产品的独特性和吸引力。

在新媒体营销中，展示产品的特性和用户体验优势至关重要。通过展示产品的性能和用户满意度，品牌可以提高用户的信任度和感知价值。

价格定位应与品牌的市场策略、目标客户群体相匹配。对于价格敏感的市场，为客户提供具有竞争力的价格和明确的价值主张是关键。对于高端市场，强调产品的独特性和高级特性可以让更高的价格正当化。

在新媒体运营中，了解和管理质量、价格与感知价值之间的关系是提高用户满意度和忠诚度的关键。通过确保产品和服务的高质量标准，通过精确的市场定位和价格策略，新媒体运营者可以有效地提升用户的感知价值。在这个过程中，新媒体运营者应采用基于数据和市场研究的方法，结合消费者心理学和市场营销的理论，深入了解和应对质量、价格与感知价值之间的复杂关系。这样，新媒体运营者可以更有效地吸引和留住用户，达到新媒体运营目的。

第四节　用户行为对新媒体运营的影响

用户行为不仅影响新媒体运营的内容策略，还影响新媒体的互动方式，影响新媒体运营策略的调整和优化。深入了解用户行为对新媒体运营的各方面影响，对于制订有效的新媒体运营策略至关重要。

一、内容策略与用户行为

在新媒体运营中，内容策略的制订是一个核心环节，直接影响用户的参与度和互动。新媒体运营者制订内容策略时，不仅要考虑信息的准确性和有趣性，还要考虑用户行为的多样性和动态变化。例如，用户对视频内容的偏好可能随时间、地点和个人情绪的变化而变化，因此内容策略需要灵活地适应这些变化。同时，新媒体运营者通过数据分析了解用户的行为模式，如浏览时间、点击偏好等，可以更精准地定位目标用户群体，制订出更有效的内容策略。

在新媒体运营领域，深入探究用户行为的微观层面显得尤为重要。传统上，用户行为分析侧重于宏观数据，如点击量和观看时间。然而，用户行为的微观分析，如眼动追踪、情感分析等，可以为新媒体运营者提供更加详细的用户信息。用户行为微观分析能够揭示用户对特定内容的情感反应和认知过程，帮助新媒体运营者更精细化地调整内容策略。

新媒体内容策略的创新可以通过交叉领域内容的融合实现。例如，结合心理学、行为经济学和叙述学，可以创作出更具吸引力和影响力的内容。通过这种跨学科的内容创作方法，新媒体内容不仅传递信息，还能深入人心，引发受众思考，使受众产生情感共鸣。

利用大数据技术和人工智能技术，新媒体运营者可以制订预测性内容策略。这种策略不仅基于用户当前的行为和偏好，还考虑到未来的市场趋势和用户潜在需求。通过分析、预测用户行为，新媒体运营者可以预先制订和调整内容计划，提前布局市场，引领用户兴趣。

在内容的互动设计方面，新媒体运营者可以探索建立更有效的用户参与机制，例如，引入游戏化元素，使内容互动更加多维、有趣。这种内容设计不仅能提高用户的参与度，还能加强用户对内容的记忆、与品牌的情感联系。

在新媒体内容策略中融入对道德和伦理的考量也是一个值得探讨的问题。新媒体运营者在追求用户参与和内容传播效果的同时，应考虑内容的社会责任和道德影响。这种内容策略不仅能赢得用户的尊重和信任，还能为社会发展做出积极贡献。

用户生成内容与专业内容的融合也是新媒体内容策略的一个创新方向。鼓励用户参与内容创作和分享，不仅能增强用户的参与感，还能产生大量多样化和个性化的内容。通过对用户生成内容的策略性引导和优化，可以实现用户生成内容与专业内容的有机结合，构建更加丰富的内容生态。

新媒体运营的内容策略需要不断创新和优化。通过用户行为微观分析、交叉领域的内容创新、预测性内容策略制订、互动内容设计、道德和伦理的融入、用户生成内容与专业内容的融合，新媒体运营者可以实现更高效、更有影响力、更具社会责任感的新媒体运营。不断优化内容策略，是应对快速变化的数字媒体环境的关键。

二、互动方式与用户参与

互动方式是新媒体运营中促进用户参与和反馈的方式。例如，社交媒体平台上的点赞、评论和分享功能，可以有效地提高用户的参与度。此外，在互动方式方面，新媒体运营者还应该考虑用户的操作习惯和技术水平，以及用户对新媒体平台的信任程度。有效的互动方式能够加强用户与内容的联系，从而提高用户忠诚度和品牌影响力。

在新媒体运营领域，互动方式对用户参与有决定性影响。传统的单向传播已逐步演变为更加动态和互动的多向交流。这种变化不仅增加了用户参与的渠道，还提升了用户体验。举例来说，实时互动直播不仅允许用户即时反馈，还能促进用户与内容之间的即时互动。这种直播不局限于文字交流，还包括视频、音频等，极大地丰富了互动内容。互动直播中的实时问答、观众投票等，能够让用户感受到自己是内容创作和决策的参与者，从而增强用户参与感。

将应用心理学原理用于新媒体的互动设计，可以有效提升用户的参与度。例如，社会认同理论可以用来增强用户对特定社群或品牌的归属感。通过创建一个共同的身份和目标，用户更有可能积极参与互动和分享。此外，利用心理学原理，如可操作性条件反射理论，可以通过奖励机制激发用户的参与动力。例如，当用户的评论或分享被官方账号回复或提及时，这种正面反馈能显著提高用户的参与积极性。

个性化互动设计基于一种核心理念：不同的用户具有不同的需求和偏好。新媒体运营者通过为用户提供量身定制的互动体验，可以更有效地吸引用户的注意力。例如，针对年轻用户，设计更加活泼和互动性强的游戏化元素；对于专业人士，则提供深入的讨论和专业分析。这种差异化的内容不仅能满足用户的个性化需求，还能提高用户对内容的兴趣和用户参与度。个性化互动设计的成功实施依赖对用户行为数据的深入分析和应用。通过收集和分析用户的历史互动数据，如点击路径、停留时间、互动频率等，新媒体运营者可以了解用户的偏好和兴趣。基于用户数据，可以实现更精准的内容推荐和互动设计。例如，如果数据显示用户对某个话题表现出持续的兴趣，新媒体平台可以推荐相关话题的内容或互动活动，从而提高用户的参与度。通过分析用户对内容的情感反应，新媒体运营者可以更好地了解用户的感受和需求。这种分析可以基于用户评论、反馈和互动的语言、情感色彩来进行。例如，通过对用户评论的情感倾向进行分析，新媒体运营者可以判断用户对某个话题的正面或负面反应，从而据此调整和优化内容。除了情感分析，行为模式分析也是了解用户参与的重要工具。行为模式分析关注用户的互动习惯和模式，如用户更倾向于选择哪种类型的互动、用户在平台上的活跃时间等。这些信息可以帮助新媒体运营者制订更有效的互动策略。例如，如果分析发现用户更喜欢在晚间参与互动，那么新媒体运营者可以在这一时间段推出更多互动内容或活动，以提高用户参与度。

综上所述，互动方式与用户参与在新媒体运营中占据了核心地位。通过互动方式的不断创新、心理学原理的应用、个性化互动设计的实施以及互动数据分析，新媒体运营者可以有效提升用户的参与度和满意度。这些策略的成功实施对在竞争激烈的数字媒体环境中获得优势至关重要。

三、用户行为的反馈循环

在新媒体运营领域，用户行为的反馈循环意味着用户的每一次互动，无论是点击、评论、分享还是观看，都会产生数据，这些数据随后被用来调整和优化新媒体的内容生产和传播策略。用户行为的反馈循环不仅体现了数据驱动决策的重要性，还体现了新媒体运营中用户行为与内容策略之间的关系。在用户行为反馈循环中，数据的收集和分析涉及用户的行为数据、社交媒体互动数据、搜索引擎查询数据等。通过深入分析这些数据，新媒体运营者可以洞悉用户的偏好、需求和行为模式。例如，通过分析用户与特定内容的互动频率，可以推断出这类内容的受欢迎程度，从而据此进行内容生产。

用户参与度的数据是优化内容策略的关键。新媒体运营者可以通过监测特定内容的用户参与度来评估内容效果。用户参与度高的内容表明用户对这类内容感兴趣，这通常会促使新媒体运营者增加这类内容的生产和推广。对于用户参与度低的内容，新媒体运营者需要分析用户参与度低的原因，如内容主题、呈现方式或发布时间等方面的问题，然后据此调整内容策略。

新媒体运营者不仅要关注当前的用户数据，还要对市场趋势和用户需求的未来变化保持敏感。例如，如果数据显示用户对短视频内容的兴趣增加，新媒体运营者可能需要调整内容策略，增加短视频内容的生产和分发。这种动态调整机制要求新媒体运营者具有较强的灵活性和适应能力。为了更有效地利用用户行为数据，新媒体运营者需要对数据进行细分。这意味着不仅分析总体的用户行为趋势，还要关注不同用户群体的行为差异。例如，年轻用户可能更喜欢互动性强的内容，而专业人士可能更倾向于选择专业性强的内容。通过对不同用户群体行为的深入了解，新媒体运营者可以更准确地定位目标受众，制订更有效的内容策略。

在用户行为的反馈循环中，运用先进的技术是提升新媒体运营效率和效果的关键，如运用大数据分析技术、机器学习、人工智能等。这些技术可以帮助新媒体运营者从大量的用户数据中快速提取有价值的信息，进行更精准的数据分析和预测。机器学习算法在用户行为的分析和预测中具有很大的优势。通过使用机器学习算法，新媒体平台可以自动识别和学习用户行为模式，从而更精准地预测用户的未来行为。例如，机器学习算法可以根据用户以往对特定内容的反应来预测用户对未来内容的可能反应，帮助新媒体运营者做出更加有针对性的内容推荐。通过实时监测用户行为数据和市场趋势，新媒体运营者可以快速响应用户的需求变化，及时调整内容策略。例如，如果分析数据发现某一类型的内容变得越来越受欢迎，那么新媒体运营者可以迅速增加该类型内容的生产和推广。先进技术的应用使得新媒体运营中的用户行为反馈循环更加高效且可得到持续优化。新媒体运营者可以持续监测和分析用户行为数据，根据用户反馈不断优化内容策略。这个过程不是一次性的，而是一个持续的循环，随着用户行为的变化和市场趋势的发展而不断发展。

用户行为在新媒体运营中形成了一个反馈循环。用户的每一次互动都会产生数据。新媒体运营者可根据这些数据调整新媒体内容生产和传播策略。这种基于用户行为的动态调整机制，是新媒体运营成功的关键。

四、新媒体运营策略调整与优化

在新媒体运营中，了解用户行为的动态性是调整和优化新媒体运营策略的前提。用户行为并非静态的，而是随着技术进步、社会发展等持续变化。例如，随着移动通信技术的发展，用户对即时、简洁的信息的需求不断增长。这促使新媒体运营者不断调整内容和内容的传播方式，以适应用户的新需求。新媒体运营者需要通过市场研究、用户行为分析等，预测未来用户行为的变化，并据此调整新媒体运营策略。例如，随着人工智能和机器学习技术的发展，个性化和智能化内容推荐成为新媒体发展趋势。新媒体运营者需要提前布局，利用这些技术优化内容推荐算法，以保持竞争力。

在数字媒体环境中，用户的需求和市场趋势正在以前所未有的速度变化。这种快速变化要求新媒体运营策略具有较强的灵活性和适应性。例如，对于热门话题和突发事件，新媒体运营者应能够迅速制订和实施相关的内容策略，以便及时吸引用户的注意力。这种快速响应不仅体现在内容的更新和发布上，还体现在对用户反馈和行为变化的敏感度上。当某个事件或话题在社交媒体上迅速获得关注时，新媒体运营者应立即分析那个事件或话题的受众和兴趣点，并迅速发布相关内容，如发布时事评论、专家分析或用户互动活动内容。这种即时反应不仅能提高品牌的曝光度，还能增强用户的参与感，提高用户对品牌的忠诚度。策略调整的及时性在新媒体运营中至关重要。新媒体运营者需要不断监测用户行为和市场动态，及时调整内容策略和互动策略，以保持这些策略的有效性。例如，如果分析数据发现某类内容的用户参与度下降，那么新媒体运营者需要快速分析用户参与度下降原因，并调整内容策略以重新吸引用户。内容策略的灵活性还体现在对不同用户特点的适应上。例如，不同年龄段、地域的用户或有不同兴趣的用户对内容的偏好可能大不相同。新媒体运营者需要根据用户特点灵活调整新媒体内容和互动方式，以吸引用户，满足不同用户群体的需求。

在进行新媒体运营策略调整时，新媒体运营者应考虑成本效益比。新媒体运营者需要在提高用户参与度和内容影响力的同时，确保资源被高效利用。例如，在内容生产上，新媒体运营者可以通过数据分析确定哪些类型的内容更受欢迎、更能促进用户参与，然后优先投资这些内容，以实现资源的高效利用。在新媒体运营中，市场趋势和用户行为往往具有不确定性，新媒体运营者需要具备应对不确定性的能力。新媒体运营者在制订新媒体运营策略时，应考虑多种可能的市场变化情景，并为这些情景准备应对策略。同时，新媒体运营者应持续监测市场变化和用户行为变化，以便及时调整新媒体运营策略。

新媒体运营策略的调整和优化是一个持续的过程。新媒体运营者需要不断地评估策略的效果，基于反馈和数据进行策略优化。这种持续的策略优化过程不仅涉及内容策略的调整，还涉及用户互动方式变化、技术应用、运营流程优化等多个方面。通过持续优化新媒体运营策略，新媒体运营者可以保持策略的时效性和有效性，从而在竞争激烈的新媒体环境中保持优势。

　　总体来说，用户行为对新媒体运营的影响是深远而复杂的。新媒体运营者需要了解和适应用户行为的变化，灵活调整内容策略和互动方式，优化运营策略，从而获得成功。新媒体运营者通过对用户行为进行深入了解和分析，可以更有效地吸引和维系用户，提高品牌影响力和市场竞争力。

第六章　新媒体运营法律法规与伦理

本章主要探讨与新媒体运营相关的法律法规及伦理标准。本章首先分析新媒体运营法律法规和伦理的作用，分析新媒体运营可能遇到的挑战，如著作权保护、数据隐私、言论自由与审查、用户数据的合理使用、广告真实性和透明度等，探讨如何在保护用户权益和促进行业健康发展之间找到平衡点，以及如何在动态变化的新媒体环境中保持灵活和合规的新媒体运营；然后介绍新媒体运营的相关法律法规；最后分析新媒体运营中的伦理问题，强调在新媒体环境下进行道德自律的必要性。

第一节　新媒体运营法律法规及伦理的作用

一、新媒体运营相关法律法规的作用

随着互联网和数字技术的迅速发展，新媒体已成为信息传播和社交互动的重要平台。在这种环境下，法律法规发挥着至关重要的作用。新媒体运营相关法律法规的作用主要体现在以下几个方面：

（一）保护知识产权和个人隐私

新媒体环境使得信息的复制和传播极其容易，这对知识产权的保护提出了挑战。法律法规需要不断更新，以保护作者、艺术家和其他创意工作者的权益。同时，个人隐私保护也尤为重要，因为在线平台上的个人信息很容易被收集和滥用。

（二）维护网络安全

随着网络攻击和数据泄露事件频发，网络安全已成为一个全球性问题。法律法规需要确保网络空间的安全，防止恶意软件、网络诈骗和其他网络犯罪，保护用户的数据安全。

（三）促进信息公平

新媒体环境下的信息爆炸使得辨别信息真伪变得困难。法律法规应当促进信息公平，打击假新闻和误导性信息，保证公众接收到准确、可靠的信息。

（四）规范广告和营销行为

新媒体平台广泛用于广告和营销。法律法规需要规范广告和营销活动，防止误导性广告、虚假宣传和侵犯用户隐私等不当行为。法律法规应确保广告内容的真实性，保护消费者不受不正当的市场操纵。

（五）保障言论自由，打击网络暴力

言论自由是社会良好运作的基石，但新媒体环境中的信息传播匿名性和即时性也可能导致网络暴力和诽谤行为。法律法规必须平衡保护言论自由和遏制网络暴力之间的关系，确保网络空间的健康和文明。

（六）促进媒体承担责任、遵守伦理规范

新媒体平台的内容生产者和传播者应对自己发布的内容负责。法律法规需要加强对新媒体平台的监管，确保新媒体平台遵守职业伦理、承担社会责任，避免传播有害信息。

（七）国际合作与跨境监管

在经济全球化背景下，新媒体的影响力跨越国界。这要求各个国家合作，制定跨境适用的法律法规，以应对跨国网络犯罪、信息泄露等问题。

（八）法律法规不断更新，适应技术发展

随着新媒体技术的不断进步，法律法规也需要不断更新，以适应这些变化。例如，人工智能技术、大数据技术等的应用对隐私保护、知识产权保护等提出了新的挑战。

新媒体环境下的法律法规至关重要，不仅保护了个人和集体的权益，还维护了网络空间的健康发展。法律法规制定者、执行者和新媒体使用者需要共同努力，利用法律法规，有效应对新媒体环境下的各种挑战。

二、新媒体运营伦理的作用

伦理在新媒体运营中的作用非常重要，特别是在快速发展的数字化社会中，这种重要作用更是被放大。新媒体不仅改变了信息的传播方式，也改变了人们的交流方式。在新媒体环境下，伦理准则起着引导和规范用户行为的作用，有利于信息传播的健康发展和社会的和谐发展。

新媒体运营者肩负着确保内容真实性和准确性的重要责任。这意味着新媒体内容不仅要客观、真实，还需要符合社会主义核心价值观，积极传播正面信息，以促进社会和谐和进步。新媒体运营者的责任不仅包括如实报道新闻，也包括在娱乐、教育等各种类型的内容创作中传达积极向上的思想、观念。新媒体运营者需要承担避免传播有害内容的责任，特别是在保护未成年人免受不良影响方面。新媒体运营者还要承担加强网络舆论监管的责任，确保不传播有害或偏离主流价值观的信息。打击网络暴力和网络欺凌是新媒体平台的重要任务。新媒体平台应采取积极措施，营造健康、文明的网络环境。

知识产权受到国家法律保护。保护知识产权也是新媒体运营伦理的一个重要方面。新媒体用户必须合法使用和分享他人的作品，给予作者署名和适当的感谢，这不仅是法律的要求，也是对原创者劳动成果的尊重和认可。

尊重文化多元性和包容性是新媒体在全球范围内的共同责任。在我国，新媒体应成为推动文化交流、增进民族团结和传承传统文化的重要渠道。

在广告和营销活动中，公平和诚实是基本的伦理准则。新媒体不仅仅是商业实体，还承担着社会责任。在灾难、危机发生等特殊情况下，新媒体要发挥积极作用，为用户提供准确和有益的信息，帮助用户正确应对各种挑战。

提升公众新媒体素养、增强公众社会责任感是新媒体发展面临的挑战。这不仅涉及新媒体运营者的职业道德和社会责任，也涉及广大用户的新媒体素养和社会责任，特别是年青一代的教育。通过宣传正面案例和教育活动，新媒体可以有效提升公众对新媒体运营伦理的认识。

综上所述，伦理在新媒体运营中的重要性不容忽视。新媒体运营者需要在保持新媒体的商业活力的同时，承担起社会责任，引导信息传播健康发展，维护和谐、稳定的社会环境。

第二节　新媒体运营的相关法律法规

一、信息内容管理相关法律法规

（一）《互联网信息服务管理办法》

《互联网信息服务管理办法》是中国政府为规范互联网信息服务活动而制定的重要法规。自 2000 年 9 月公布实施以来，该办法经历了两次重要的修订（两次修订分别在 2011 年和 2021 年），以适应不断变化的互联网环境，应对新出现的挑战。

在 2000 年颁布时，《互联网信息服务管理办法》主要聚焦几个关键领域：规定了互联网服务提供者应遵守的法律、行政法规和国家政策；明确了禁止传播的内容类型；区分了经营性和非经营性互联网信息服务，并对它们分别实施了许可制度和备案制度。

2011 年《互联网信息服务管理办法》的修订主要围绕以下内容对该办法进行了更新和完善：加强了用户实名制度，要求用户在接受服务时提供真实身份信息；加强了对信息内容的审核，特别是针对涉及国家安全和社会稳定的信息。

2021 年《互联网信息服务管理办法》的修订反映了数字时代互联网信息服务面临的挑战：随着数据安全和个人隐私保护日益重要，该办法增加了相关的规定，要求更严格地保护用户数据和隐私；加强了对网络安全的管理，如防止网络犯罪和保护关键信息基础设施；针对互联网技术和服务的快速发展，该办法提供了更加具体的、适应性强的管理规定。

《互联网信息服务管理办法》的修订也反映了中国政府在不断变化的互联网环境中调整和更新政策的努力，旨在保护用户的权益，维护网络安全，同时促进互联网信息服务的健康、有序发展。《互联网信息服务管理办法》旨在平衡网络空间的自由与秩序，保障网络空间的安全和稳定。

《互联网信息服务管理办法》第十五条规定：

"互联网信息服务提供者不得制作、复制、发布、传播含有下列内容的信息：

"（一）反对宪法所确定的基本原则的；

"（二）危害国家安全，泄露国家秘密，颠覆国家政权，破坏国家统一的；

"（三）损害国家荣誉和利益的；

"（四）煽动民族仇恨、民族歧视，破坏民族团结的；

"（五）破坏国家宗教政策，宣扬邪教和封建迷信的；

"（六）散布谣言，扰乱社会秩序，破坏社会稳定的；

"（七）散布淫秽、色情、赌博、暴力、凶杀、恐怖或者教唆犯罪的；

"（八）侮辱或者诽谤他人，侵害他人合法权益的；

"（九）含有法律、行政法规禁止的其他内容的。"

《互联网信息服务管理办法》第十六条规定："互联网信息服务提供者发现其网站传输的信息明显属于本办法第十五条所列内容之一的，应当立即停止传输，保存有关记录，并向国家有关机关报告。"

对于从事互联网信息服务的主体，《互联网信息服务管理办法》规定了严格的许可制度和备案制度。经营性互联网信息服务提供者需要申请办理互联网信息服务增值电信业务经营许可证，非经营性互联网信息服务提供者需要办理备案手续。此外，互联网信息服务提供者必须在其网站主页的显著位置标明其经营许可证编号或备案编号。违反这些规定的，将面临相应的处罚。

《互联网信息服务管理办法》第十九条规定："违反本办法的规定，未取得经营许可证，擅自从事经营性互联网信息服务，或者超出许可的项目提供服务的，由省、自治区、直辖市电信管理机构责令限期改正，有违法所得的，没收违法所得，处违法所得 3 倍以上 5 倍以下的罚款；没有违法所得或者违法所得不足 5 万元的，处 10 万元以上 100 万元以下的罚款；情节严重的，责令关闭网站。"

《互联网信息服务管理办法》第二十条规定："制作、复制、发布、传播本办法第十五条所列内容之一的信息，构成犯罪的，依法追究刑事责任；尚不构成犯罪的，由公安机关、国家安全机关依照《中华人民共和国治安管理处罚法》、《计算机信息网络国际联网安全保护管理办法》等有关法律、行政法规的规定予以处罚。"

《互联网信息服务管理办法（修订草案征求意见稿）》与新媒体运营密切相关的内容有很多，如第二十五条规定：

"任何组织和个人不得以营利为目的或为获取其他非法利益，实施下列行为，扰乱网络秩序：

"（一）明知是虚假信息而发布或者有偿提供信息发布服务的；

"（二）为他人有偿提供删除、屏蔽、替换、下沉信息服务的；

"（三）大量倒卖、注册并提供互联网信息服务账号，被用于违法犯罪的；

"（四）从事虚假点击、投票、评价、交易等活动，破坏互联网诚信体系的。"

《互联网信息服务管理办法（修订草案征求意见稿）》第四十二条规定："互联网网络接入、互联网信息服务、域名注册和解析等互联网服务提供者，违反本办法第十八条、第十九条、第二十条、第二十一条规定的，由网信部门、电信主管部门、公安机关依据各自职责给予警告，责令限期改正，没收违法所得；拒不改正或者情节严重的，处 10 万元以上50 万元以下罚款，并可以责令暂停相关业务、停业整顿、由原发证机关吊销相关业务许可证或者吊销营业执照，对直接负责的主管人员和其他直接责任人员，处 1 万元以上 10 万元以下罚款。"

（二）《互联网新闻信息服务管理规定》

《互联网新闻信息服务管理规定》经历了几次重要的修订，以适应互联网时代的发展和新媒体的兴起。该规定旨在规范互联网新闻信息服务的管理。2017 年修订的《互联网新闻信息服务管理规定》第五条规定：

"通过互联网站、应用程序、论坛、博客、微博客、公众账号、即时通信工具、网络直播等形式向社会公众提供互联网新闻信息服务，应当取得互联网新闻信息服务许可，禁止未经许可或超越许可范围开展互联网新闻信息服务活动。

"前款所称互联网新闻信息服务，包括互联网新闻信息采编发布服务、转载服务、传播平台服务。"

《互联网新闻信息服务管理规定》第十三条规定：

"互联网新闻信息服务提供者为用户提供互联网新闻信息传播平台服务，应当按照《中华人民共和国网络安全法》的规定，要求用户提供真实身份信息。用户不提供真实身份信息的，互联网新闻信息服务提供者不得为其提供相关服务。

"互联网新闻信息服务提供者对用户身份信息和日志信息负有保密的义务，不得泄露、篡改、毁损，不得出售或非法向他人提供。

"互联网新闻信息服务提供者及其从业人员不得通过采编、发布、转载、删除新闻信息，干预新闻信息呈现或搜索结果等手段谋取不正当利益。"

《互联网新闻信息服务管理规定》第十四条规定：

"互联网新闻信息服务提供者提供互联网新闻信息传播平台服务，应当与在其平台上注册的用户签订协议，明确双方权利义务。

"对用户开设公众账号的，互联网新闻信息服务提供者应当审核其账号信息、服务资质、服务范围等信息，并向所在地省、自治区、直辖市互联网信息办公室分类备案。"

《互联网新闻信息服务管理规定》第十五条规定：

"互联网新闻信息服务提供者转载新闻信息，应当转载中央新闻单位或省、自治区、直辖市直属新闻单位等国家规定范围内的单位发布的新闻信息，注明新闻信息来源、原作者、原标题、编辑真实姓名等，不得歪曲、篡改标题原意和新闻信息内容，并保证新闻信息来源可追溯。

"互联网新闻信息服务提供者转载新闻信息，应当遵守著作权相关法律法规的规定，保护著作权人的合法权益。"

《互联网新闻信息服务管理规定》第十六条规定：

"互联网新闻信息服务提供者和用户不得制作、复制、发布、传播法律、行政法规禁止的信息内容。

"互联网新闻信息服务提供者提供服务过程中发现含有违反本规定第三条或前款规定内容的，应当依法立即停止传输该信息、采取消除等处置措施，保存有关记录，并向有关主管部门报告。"

《互联网新闻信息服务管理规定》对自媒体的监管进行了全面强化，特别关注了自媒体与互联网新闻的紧密结合。《互联网新闻信息服务管理规定》通过明确互联网新闻信息传播平台在注册、签协议、日常监管、事后处置全链条中的主体责任，确保用户发布在平台上的内容既被"看得见"，又被"管得着"。这意味着用户在享受互联网带来的信息发布便利的同时，须谨言慎行，不触碰法律划定的"红线"。此外，该规定还强调了互联网新闻信息服务提供者在遵守该规定的同时，须符合电信（互联网信息服务）、互联网视听节目、网络出版等领域的监管要求。这反映了对互联网新闻信息服务更广泛的监管。

《互联网新闻信息服务管理规定》对新媒体运营产生了重要影响，特别是在新媒体内容的创作、分发和监管方面。新媒体运营者需要关注新媒体运营的相关法律法规，确保新媒体内容的合法性和适当性，也要留意应用功能的安全性。

（三）《未成年人网络保护条例》

2023 年 9 月 20 日国务院第 15 次常务会议通过的《未成年人网络保护条例》，于 2024 年 1 月 1 日起施行。《未成年人网络保护条例》强调"营造有利于未成年人身心健康的网络环境，保障未成年人合法权益"。这涉及新媒体运营者在内容制作和服务提供方面的责任。国家鼓励将网络素养教育纳入学校教育体系，这意味着新媒体平台需要为未成年人提供健康、具有教育意义的内容。《未成年人网络保护条例》规定："任何组织和个人不得制作、复制、发布、传播含有宣扬淫秽、色情、暴力、邪教、迷信、赌博、引诱自残自杀、恐怖主义、分裂主义、极端主义等危害未成年人身心健康内容的网络信息。"新媒体运营者须严格审查新媒体平台上的内容，确保内容不含有违法信息。《未成年人网络保护条例》还对未成年人个人信息网络保护作出了规定。该条例还规定："网络产品和服务提供者应当建立健全防沉迷制度，不得向未成年人提供诱导其沉迷的产品和服务，及时修改可能造成未成年人沉迷的内容、功能和规则，并每年向社会公布防沉迷工作情况，接受社会监督。"

综上所述，《未成年人网络保护条例》对新媒体运营提出了一系列要求和规范，旨在保护未成年人在网络环境中的安全和权益。新媒体运营者须遵守相关法律法规，确保新媒体内容健康、适宜，并对未成年人的信息安全负责。

（四）《中华人民共和国反恐怖主义法》

《中华人民共和国反恐怖主义法》的实施标志着我国在反恐领域的法律框架内引入了对网络空间的规制。尽管该法律主要针对恐怖主义活动，但其中包含的对网络空间的规定对新媒体运营产生了重要影响。在新媒体运营中，信息快速流动、广泛传播。这使新媒体成为高效的宣传工具。新媒体运营者应认识到网络空间的复杂性和网络安全的重要性。

《中华人民共和国反恐怖主义法》是一部旨在预防和打击恐怖主义活动的法律，其核心目的是保障国家安全和公民的生命财产安全。其中与新媒体运营相关的内容主要集中在以下几个方面。

《中华人民共和国反恐怖主义法》第十九条规定：

"电信业务经营者、互联网服务提供者应当依照法律、行政法规规定，落实网络安全、信息内容监督制度和安全技术防范措施，防止含有恐怖主义、极端主义内容的信息传播；发现含有恐怖主义、极端主义内容的信息的，应当立即停止传输，保存相关记录，删除相关信息，并向公安机关或者有关部门报告。

"网信、电信、公安、国家安全等主管部门对含有恐怖主义、极端主义内容的信息，应当按照职责分工，及时责令有关单位停止传输、删除相关信息，或者关闭相关网站、关停相关服务。有关单位应当立即执行，并保存相关记录，协助进行调查。对互联网上跨境传输的含有恐怖主义、极端主义内容的信息，电信主管部门应当采取技术措施，阻断传播。"

《中华人民共和国反恐怖主义法》第二十一条规定："电信、互联网、金融、住宿、长途客运、机动车租赁等业务经营者、服务提供者，应当对客户身份进行查验。对身份不明或者拒绝身份查验的，不得提供服务。"

《中华人民共和国反恐怖主义法》第八十四条规定：

"电信业务经营者、互联网服务提供者有下列情形之一的，由主管部门处二十万元以上五十万元以下罚款，并对其直接负责的主管人员和其他直接责任人员处十万元以下罚款；情节严重的，处五十万元以上罚款，并对其直接负责的主管人员和其他直接责任人员，处十万元以上五十万元以下罚款，可以由公安机关对其直接负责的主管人员和其他直接责任人员，处五日以上十五日以下拘留：

"（一）未依照规定为公安机关、国家安全机关依法进行防范、调查恐怖活动提供技术接口和解密等技术支持和协助的；

"（二）未按照主管部门的要求，停止传输、删除含有恐怖主义、极端主义内容的信息，保存相关记录，关闭相关网站或者关停相关服务的；

"（三）未落实网络安全、信息内容监督制度和安全技术防范措施，造成含有恐怖主义、极端主义内容的信息传播，情节严重的。"

新媒体运营者必须对上传和传播的内容进行严格监控，确保不违反相关规定。新媒体平台需要对用户生成内容进行有效监控，防止恐怖主义相关内容的出现和传播。这可能涉及加强算法筛选、人工审核以及建立和完善用户报告系统。新媒体运营者可能需要在一定条件下与执法部门合作，分享有助于防止或调查恐怖主义活动的相关信息。

新媒体运营者必须在内容创作方面严格遵守法律法规，确保不传播任何形式的恐怖主义内容。新媒体运营者需要对新媒体内容进行严格的审查和监控，同时需要加强对运营团队的法律法规培训。通过采取这些措施，新媒体运营者不仅能避免法律风险，还能提高品牌的公众信任度。

新媒体运营者还需要关注新媒体环境中的舆论引导和危机管理。在新媒体平台上，负面信息的传播速度极快，这对新媒体运营者提出了挑战。新媒体运营者需要制订和实施有效的舆论监控策略和危机应对策略，及时识别和处理可能引发公众恐慌或误解的信息。此外，新媒体运营者还应积极参与正面信息的创作和传播，引导公众树立正确的安全观念、养成良好的网络行为习惯。

（五）《中华人民共和国网络安全法》

《中华人民共和国网络安全法》（以下简称《网络安全法》）是中国网络安全领域的基础性法律。在经济全球化和数字化时代，网络安全不仅关系到国家安全，也关系到社会稳定和公民个人权益。《网络安全法》对新媒体运营产生了深远的影响。

《网络安全法》第四十条规定"网络运营者应当对其收集的用户信息

严格保密，并建立健全用户信息保护制度"；第四十一条规定"网络运营者收集、使用个人信息，应当遵循合法、正当、必要的原则，公开收集、使用规则，明示收集、使用信息的目的、方式和范围，并经被收集者同意"。在数据驱动的新媒体环境中，用户数据的收集与分析是新媒体运营的核心活动之一。《网络安全法》对此做出规范，不仅保护了用户的个人隐私，也为新媒体运营者提供了合法合规的数据处理框架。《网络安全法》提升了用户对网络平台的信任度，促进了新媒体健康、可持续发展。

《网络安全法》第四十六条规定："任何个人和组织应当对其使用网络的行为负责，不得设立用于实施诈骗，传授犯罪方法，制作或者销售违禁物品、管制物品等违法犯罪活动的网站、通讯群组，不得利用网络发布涉及实施诈骗，制作或者销售违禁物品、管制物品以及其他违法犯罪活动的信息。"这不仅是对用户权益的保护，也是对网络生态健康的维护。在防止网络诈骗方面，新媒体平台的责任不容小觑。例如，新媒体平台须加强对新媒体内容的监管，采取有效的技术措施，防止诈骗信息的传播；同时，通过用户网络安全教育，增强用户对网络诈骗的识别能力。

《网络安全法》第二十四条规定："网络运营者为用户办理网络接入、域名注册服务，办理固定电话、移动电话等入网手续，或者为用户提供信息发布、即时通信等服务，在与用户签订协议或者确认提供服务时，应当要求用户提供真实身份信息。用户不提供真实身份信息的，网络运营者不得为其提供相关服务。国家实施网络可信身份战略，支持研究开发安全、方便的电子身份认证技术，推动不同电子身份认证之间的互认。"这一规定对新媒体平台尤为重要，关系到信息的真实性和网络舆论的正确性。虚假账号和信息已成为困扰新媒体平台的一个重大问题。《网络安全法》通过要求验证用户真实身份，有效地减少了网络空间的虚假信息传播，有助于构建真实的网络环境。

《网络安全法》第三十九条规定：

"国家网信部门应当统筹协调有关部门对关键信息基础设施的安全保护采取下列措施：

"（一）对关键信息基础设施的安全风险进行抽查检测，提出改进措施，必要时可以委托网络安全服务机构对网络存在的安全风险进行检测评估；

"（二）定期组织关键信息基础设施的运营者进行网络安全应急演练，提高应对网络安全事件的水平和协同配合能力；

"（三）促进有关部门、关键信息基础设施的运营者以及有关研究机构、网络安全服务机构等之间的网络安全信息共享；

"（四）对网络安全事件的应急处置与网络功能的恢复等，提供技术支持和协助。"

《网络安全法》对关键信息基础设施保护的规定，对于保障国家安全和社会稳定具有重要意义。在新媒体运营中，重要行业和领域（如公共通信、信息服务、金融等）的网络安全至关重要。

《网络安全法》第七十五条规定："境外的机构、组织、个人从事攻击、侵入、干扰、破坏等危害中华人民共和国的关键信息基础设施的活动，造成严重后果的，依法追究法律责任；国务院公安部门和有关部门并可以决定对该机构、组织、个人采取冻结财产或者其他必要的制裁措施。"在经济全球化的背景下，跨境网络安全问题日益突出。《网络安全法》第七十五条的规定明确了中国在保护网络安全方面的立场和决心，为国际社会在网络空间的合作与治理提供了重要参考。

（六）《网络信息内容生态治理规定》

《网络信息内容生态治理规定》是国家互联网信息办公室发布的旨在规范和改善网络信息内容环境的规定。该规定不仅对网络内容的生产者和发布者有直接的影响，也对新媒体运营产生深远的影响。

新媒体运营的核心是内容的创作、传播和管理。《网络信息内容生态治理规定》对新媒体内容的生产和发布提出了要求。《网络信息内容生态治理规定》第四条规定："网络信息内容生产者应当遵守法律法规，遵循公序良俗，不得损害国家利益、公共利益和他人合法权益。"新媒体运营者在内容创作上必须审慎，确保内容的准确性和合规性。新媒体运营者需要建立精细化的内容审核机制，以避免违规内容的产生。

新媒体平台不仅是内容发布地，也是用户互动和讨论的场所。《网络信息内容生态治理规定》第十八条规定："网络信息内容服务使用者应当文明健康使用网络，按照法律法规的要求和用户协议约定，切实履行相应义务，在以发帖、回复、留言、弹幕等形式参与网络活动时，文明互动，理性表达，不得发布本规定第六条规定的信息，防范和抵制本规定第七条规定的信息。"新媒体运营者要加强对用户行为的管理，防止出现侵犯他人权益、传播虚假信息等行为；需要加大对社交媒体的监控力度，保障社交媒体平台交流的健康和秩序。

从内容推广的角度来看，《网络信息内容生态治理规定》第十一条规定"鼓励网络信息内容服务平台坚持主流价值导向，优化信息推荐机制，加强版面页面生态管理"；第十二条规定"网络信息内容服务平台采用个性化算法推荐技术推送信息的，应当设置符合本规定第十条、第十一条规定要求的推荐模型，建立健全人工干预和用户自主选择机制"。这对依赖算法推荐系统驱动流量的新媒体运营来说，意味着需要调整算法策略，更加注重内容的质量，而非仅仅追求点击量和曝光度。

《网络信息内容生态治理规定》第二十一条规定："网络信息内容服务使用者和网络信息内容生产者、网络信息内容服务平台不得利用网络和相关信息技术实施侮辱、诽谤、威胁、散布谣言以及侵犯他人隐私等违法行为，损害他人合法权益。"随着各行各业数字化转型，数据成为新媒体运营的重要资产。新媒体运营者在处理用户数据时必须遵守法律法规，保护用户隐私。这不仅是对用户权益的保障，也是新媒体运营可持续发展的关键。新媒体运营者需要加强数据安全管理，确保合法合规地处理用户信息。

《网络信息内容生态治理规定》促使新媒体运营者在内容生产、用户管理、流量运营和数据处理等多个方面进行调整和优化。从长期来看，这有助于营造健康、有序的网络信息环境，为新媒体运营的发展提供了新的机遇，也使新媒体运营面临新的挑战。在把握机遇和应对挑战的过程中，新媒体运营者需要不断创新和探索，以适应不断变化的新媒体环境和市场需求。通过提升内容质量、优化用户体验、加强数据保护和合规性管理，新媒体运营者可以在遵守《网络信息内容生态治理规定》的同时，实现新媒体运营的健康、持续发展。

二、用户隐私保护与数据安全法律法规

用户隐私保护和数据安全是当前科技领域的一个重要议题。随着互联网和数字技术的迅猛发展，大量的个人信息被收集和存储，这使得用户隐私保护和数据安全成为一个紧迫的问题。用户隐私保护通常指的是保护个人信息不被未经授权地访问、使用或披露。个人信息包括个人的身份信息、位置信息、通信记录、网上活动记录等。数据安全保护更加注重保护数据不被非法访问、窃取、更改或破坏，确保数据的完整性和可用性。在此背景下，国家制定了相应的法律法规来保护用户隐私和数据安全。

（一）《中华人民共和国个人信息保护法》

《中华人民共和国个人信息保护法》是我国为应对数字化时代个人信息安全和隐私保护问题而制定的重要法律，于 2021 年 8 月 20 日颁布，于同年 11 月 1 日起施行。这部法律标志着我国在个人信息保护领域迈出了重要的一步，旨在应对复杂的信息安全挑战，保障公民的隐私权利。

《中华人民共和国个人信息保护法》给出了个人信息的定义："个人信息是以电子或者其他方式记录的与已识别或者可识别的自然人有关的各种信息，不包括匿名化处理后的信息。"

《中华人民共和国个人信息保护法》第五条规定："处理个人信息应当遵循合法、正当、必要和诚信原则，不得通过误导、欺诈、胁迫等方式处理个人信息。"该法第六条规定："处理个人信息应当具有明确、合理的目的，并应当与处理目的直接相关，采取对个人权益影响最小的方式。收集个人信息，应当限于实现处理目的的最小范围，不得过度收集个人信息。"该法第七条规定："处理个人信息应当遵循公开、透明原则，公开个人信息处理规则，明示处理的目的、方式和范围。"该法第八条规定："处理个人信息应当保证个人信息的质量，避免因个人信息不准确、不完整对个人权益造成不利影响。"该法第九条规定："个人信息处理者应当对其个人信息处理活动负责，并采取必要措施保障所处理的个人信息的安全。"该法第二十九条规定："处理敏感个人信息应当取得个人的单独同意；法律、行政法规规定处理敏感个人信息应当取得书面同意的，从其规定。"

《中华人民共和国个人信息保护法》第三十八条规定：

"个人信息处理者因业务等需要，确需向中华人民共和国境外提供个人信息的，应当具备下列条件之一：

"（一）依照本法第四十条的规定通过国家网信部门组织的安全评估；

"（二）按照国家网信部门的规定经专业机构进行个人信息保护认证；

"（三）按照国家网信部门制定的标准合同与境外接收方订立合同，约定双方的权利和义务；

"（四）法律、行政法规或者国家网信部门规定的其他条件。

"中华人民共和国缔结或者参加的国际条约、协定对向中华人民共和国境外提供个人信息的条件等有规定的，可以按照其规定执行。

"个人信息处理者应当采取必要措施，保障境外接收方处理个人信息的活动达到本法规定的个人信息保护标准。"

《中华人民共和国个人信息保护法》第四十四条规定："个人对其个人信息的处理享有知情权、决定权，有权限制或者拒绝他人对其个人信息进行处理；法律、行政法规另有规定的除外。"该法第六十六条规定："违反本法规定处理个人信息，或者处理个人信息未履行本法规定的个人信息保护义务的，由履行个人信息保护职责的部门责令改正，给予警告，没收违法所得，对违法处理个人信息的应用程序，责令暂停或者终止提供服务；拒不改正的，并处一百万元以下罚款；对直接负责的主管人员和其他直接责任人员处一万元以上十万元以下罚款。有前款规定的违法行为，情节严重的，由省级以上履行个人信息保护职责的部门责令改正，没收违法所得，并处五千万元以下或者上一年度营业额百分之五以下罚款，并可以责令暂停相关业务或者停业整顿、通报有关主管部门吊销相关业务许可或者吊销营业执照；对直接负责的主管人员和其他直接责任人员处十万元以上一百万元以下罚款，并可以决定禁止其在一定期限内担任相关企业的董事、监事、高级管理人员和个人信息保护负责人。"

　　《中华人民共和国个人信息保护法》不仅对国内的企业产生了重大影响，也对全球范围内与中国市场有业务往来的企业提出了新的要求。这部法律对新媒体运营有显著的影响。新媒体运营本质上是数据驱动的行业，涉及大量的用户数据收集、分析和使用。遵守《中华人民共和国个人信息保护法》成为新媒体运营的一个重要方面。新媒体运营者需要重视数据收集和处理的合规性，确保数据收集策略和实践得到用户的认可和支持；采取有效措施保护个人信息安全，防止数据泄露、损毁和丢失。为此，新媒体运营者需要在技术和管理方面进行调整，例如，需要加强对员工的隐私保护培训，建立健全数据安全管理制度。新媒体运营者在保护用户个人信息安全的同时，需要创新用户互动策略和内容分发策略，提高用户参与度，满足用户个性化需求，例如，更加注重内容的创新性和质量，建立非个人信息驱动的用户参与机制。新媒体运营者也需要关注潜在的个人信息安全风险，例如，过度依赖用户数据可能会导致用户隐私被侵犯，损害品牌声誉并引发法律责任。因此，新媒体运营者应当在保证服务质量的前提下，尽可能减少对个人信息的使用。总之，新媒体运营者需要在遵守法律法规的前提下，不断探索和创新，找到合规与创新并行的路径。

（二）《中华人民共和国数据安全法》

2021年6月10日，第十三届全国人民代表大会常务委员会第二十九次会议通过了《中华人民共和国数据安全法》。这部法律是数据领域的基础性法律，也是国家安全领域的一部重要法律，于2021年9月1日起施行。这部法律旨在构建全面的数据安全管理体系，确保数据的安全和合理利用，保护国家安全和公共利益。

《中华人民共和国数据安全法》第三条明确了数据安全的定义："数据安全，是指通过采取必要措施，确保数据处于有效保护和合法利用的状态，以及具备保障持续安全状态的能力。"该法律第二十一条还提出了数据分类和分级保护："国家建立数据分类分级保护制度，根据数据在经济社会发展中的重要程度，以及一旦遭到篡改、破坏、泄露或者非法获取、非法利用，对国家安全、公共利益或者个人、组织合法权益造成的危害程度，对数据实行分类分级保护。国家数据安全工作协调机制统筹协调有关部门制定重要数据目录，加强对重要数据的保护。"该法律第二十七条规定了数据处理者的义务和责任："开展数据处理活动应当依照法律、法规的规定，建立健全全流程数据安全管理制度，组织开展数据安全教育培训，采取相应的技术措施和其他必要措施，保障数据安全。利用互联网等信息网络开展数据处理活动，应当在网络安全等级保护制度的基础上，履行上述数据安全保护义务。重要数据的处理者应当明确数据安全负责人和管理机构，落实数据安全保护责任。"针对数据出境，该法律第三十一条规定："关键信息基础设施的运营者在中华人民共和国境内运营中收集和产生的重要数据的出境安全管理，适用《中华人民共和国网络安全法》的规定；其他数据处理者在中华人民共和国境内运营中收集和产生的重要数据的出境安全管理办法，由国家网信部门会同国务院有关部门制定。"该法律第二十三条规定："国家建立数据安全应急处置机制。发生数据安全事件，有关主管部门应当依法启动应急预案，采取相应的应急处置措施，防止危害扩大，消除安全隐患，并及时向社会发布与公众有关的警示信息。"该法律第四十四条规定："有关主管部门在履行数据安全监管职责中，发现数据处理活动存在较大安全风险的，可以按照规定的权限和程序对有关组织、个人进行约谈，并要求有关组织、个人采取措施进行整改，消除隐患。"

《中华人民共和国数据安全法》对加强数据安全管理、促进数据资源合理利用、保护个人隐私以及维护国家安全和公共利益具有重要意义。从新媒体运营的角度来看，《中华人民共和国数据安全法》对行业产生了深远的影响。新媒体运营涉及大量的数据收集、处理和分析，这些数据不仅包括用户的基本信息，还包括用户行为数据、偏好数据等。在这种情况下，确保数据安全成为新媒体运营的一项关键任务。新媒体运营者需要根据法律规定，对所处理的数据进行分类和分级，并采取相应的数据保护措施。新媒体运营者需要对数据的重要性和敏感性进行评估，并采取相应级别的安全措施，如加密、访问控制等。新媒体运营者还需要建立健全数据安全管理制度，并采取必要的技术措施来保护数据安全，如增强数据存储和传输的安全性、加强对员工的数据安全培训、建立数据泄露和侵权事件应急响应机制等。新媒体运营者需要定期进行合规性检查和数据安全风险评估，以确保操作符合《中华人民共和国数据安全法》的规定。这不仅涉及技术层面的检查，还包括法律和政策方面的审查，以确保所有的数据活动都在法律允许的范围内。对于国际化业务涉及的数据跨境问题，新媒体运营者需要特别注意《中华人民共和国数据安全法》对数据出境的规定。新媒体运营者还需要重视用户的数据权利，如信息自主权、隐私权等。在用户数据收集和使用中，新媒体运营者需要保障用户的知情权和信息自主权，在必要时为用户提供数据删除的选项。新媒体运营者还需要调整业务模式和运营策略，以适应严格的数据安全要求，例如，可能需要减少对敏感数据的依赖，或探索新的数据处理和分析技术，以提高数据处理的效率和安全性。

总之，《中华人民共和国数据安全法》对新媒体运营提出了新的要求。新媒体运营者应在保证数据安全的同时，考虑高效、合法地利用数据资源。

（三）《信息安全技术 个人信息安全规范》

《信息安全技术 个人信息安全规范》（GB/T 35273—2020）于 2020年 10 月 1 日起实施，是重要的国家标准，归口于全国信息安全标准化技术委员会。这项标准为个人信息的处理活动提供了具体的指导和规范。其目的是加强个人信息保护，确保个人信息安全，也为企业和其他组织处理个人信息提供了基本标准。

《信息安全技术 个人信息安全规范》给出了个人信息、个人敏感信息、个人信息主体、个人信息控制者的定义，提出了个人信息安全的基本原则，对个人信息的收集、存储和使用作出了详细规定，明确了个人信息主体的权利，对个人信息的委托处理、共享、转让、公开披露作出相应规定，还规定了个人信息安全事件处置相关事宜，提出了组织的个人信息安全管理要求。对于新媒体运营者来说，遵守《信息安全技术 个人信息安全规范》是非常重要的。新媒体平台通常处理大量用户的个人信息，如用户的基本资料、沟通记录、行为习惯等信息。新媒体平台处理用户的这些信息时，需要符合该规范。这不仅有助于保护用户的隐私和个人信息安全，也有助于提升企业的信誉和用户的信任度，同时避免违反相关规定带来的法律风险。

三、知识产权法律法规

知识产权（intellectual property，简称 IP）是一种法律术语，指的是创作者对其创作的思想、发明、作品等拥有的一系列独占权利。这些权利通常是由国家法律赋予的，以保护个人或企业的创作不被未经授权地使用、复制等。常见的知识产权包括版权、商标、专利、商业秘密等。

版权保护文学、戏剧、音乐及某些其他作品的权利，如书籍、电影、音乐、画作等。版权自作品创作之时自动产生，无须登记。商标用于区分一个企业的商品或服务与其他企业的商品或服务。商标可以是词、短语、符号和其他设计。专利是授予发明者对其新颖、实用、非显而易见的发明的独占权。专利通常需要经过申请和审查。商业秘密指企业未向公众披露的、能给企业带来经济利益、努力保密的信息，如配方、销售方法、客户列表等。在新媒体领域，知识产权尤为重要。随着互联网和数字技术的发展，版权作品，如电影、音乐、书籍和软件等，更容易被复制和传播。版权不仅保护创作者的经济利益，也鼓励创新和创作。创作者的作品受到法律保护，他们更愿意投入时间和资源来创作新作品。此外，版权还有助于确保内容创作者获得其作品在新媒体平台上被使用的合理报酬。

（一）《中华人民共和国著作权法》

《中华人民共和国著作权法》（以下简称《著作权法》）是一部专门用于保护文学、艺术和科学作品著作权的法律。这部法律为著作权人提供了一系列的权利，并规定了侵犯著作权行为的法律责任。

《著作权法》保护的作品包括文字作品、音乐、戏剧、曲艺、舞蹈、美术作品、摄影作品等。这些作品必须是独创的，并已经固定在某种有形媒介上。著作权包括人身权和财产权两部分。人身权包括发表权、署名权、作品完整权等，这些权利不得转让。财产权包括复制权、发行权、出租权、展览权、表演权、放映权、广播权、信息网络传播权、摄制权、改编权、翻译权、汇编权等，这些权利可以转让。《著作权法》第二十二条规定："作者的署名权、修改权、保护作品完整权的保护期不受限制。"该法第二十三条规定："自然人的作品，其发表权、本法第十条第一款第五项至第十七项规定的权利的保护期为作者终生及其死亡后五十年，截止于作者死亡后第五十年的12月31日；如果是合作作品，截止于最后死亡的作者死亡后第五十年的12月31日。法人或者非法人组织的作品、著作权（署名权除外）由法人或者非法人组织享有的职务作品，其发表权的保护期为五十年，截止于作品创作完成后第五十年的 12 月 31 日；本法第十条第一款第五项至第十七项规定的权利的保护期为五十年，截止于作品首次发表后第五十年的 12 月 31 日，但作品自创作完成后五十年内未发表的，本法不再保护。视听作品，其发表权的保护期为五十年，截止于作品创作完成后第五十年的 12 月 31 日；本法第十条第一款第五项至第十七项规定的权利的保护期为五十年，截止于作品首次发表后第五十年的 12 月 31 日，但作品自创作完成后五十年内未发表的，本法不再保护。"该法第二十四条规定了在某些情况下使用作品，"可以不经著作权人许可，不向其支付报酬，但应当指明作者姓名或者名称、作品名称，并且不得影响该作品的正常使用，也不得不合理地损害著作权人的合法权益"，例如，"为个人学习、研究或者欣赏，使用他人已经发表的作品"，"为介绍、评论某一作品或者说明某一问题，在作品中适当引用他人已经发表的作品"。该法对侵权行为规定了民事责任和刑事责任。侵犯著作权的行为可能导致"停止侵害、消除影响、赔礼道歉、赔偿损失等民事责任"，"构成犯罪的，依法追究刑事责任"。

在数字时代，内容的创作、传播和使用方式发生了根本性变化。对于新媒体运营而言，《著作权法》提供了对著作权的法律保护，保障内容的原创性。在信息爆炸和内容过载的时代，原创内容的价值日益凸显。《著作权法》对文学、艺术和科学作品的保护，确保了新媒体平台上内容创作者的劳动成果不被非法复制和滥用。这对维护内容创作者的权益、促进更多高质量原创内容的产生至关重要。新媒体运营中的著作权问题不局限于内容创作，还涉及内容的传播和使用。在新媒体平台上，用户可以轻松地分享和传播内容。这就要求新媒体运营者必须了解《著作权法》的相关规定，以确保新媒体平台上的内容传播不侵犯他人的著作权。此外，《著作权法》中关于某些情况下使用作品"可以不经著作权人许可，不向其支付报酬"的规定，使新媒体内容的合法使用具有一定的灵活性。

在新媒体运营的版权管理方面，新媒体运营者不仅要考虑国内法律，还要考虑国际法律。新媒体具有跨国特性，内容很容易在全球范围内传播。中国是《伯尔尼公约》等多个国际版权公约的签约国。这意味着新媒体运营者不仅要遵守国内法律，还要注意国际版权公约的要求。此外，新媒体运营者还需要关注《著作权法》的修订，了解新的法律知识。

从新媒体运营的角度来看，《著作权法》不仅仅是一种法律约束，更是一种战略资源。新媒体用户合理利用《著作权法》，可以保护自身的著作权，可以通过著作权的许可使用和转让获得收益。通过内容授权等方式，新媒体平台可以与内容创作者、其他媒体平台建立合作关系，实现资源共享和利益最大化。

（二）中国签署的与知识产权相关国际协议与法规

中国签署的与知识产权相关的国际公约和协定等主要包括《建立世界知识产权组织公约》《巴黎公约》《伯尔尼公约》《与贸易有关的知识产权协定》《商标国际注册马德里协定》《专利合作条约》和《马德里议定书》等。中国签署了多项与知识产权相关的国际公约和协定等，这体现了中国在知识产权保护方面的努力。这不仅是对全球知识产权保护的一种积极响应，也是中国新媒体运营发展的重要基础。

中国作为世界贸易组织（World Trade Organization, WTO）的成员，承诺遵守《与贸易有关的知识产权协定》。该协定为全球知识产权保护设定了最低标准，要求世界贸易组织成员提供足够的知识产权保护和有效的执法手段。

中国还加入了世界知识产权组织（World Intellectual Property Organization, WIPO），并加入《世界知识产权组织版权条约》和《世界知识产权组织表演和录音制品条约》。这对新媒体内容创作者来说意义重大。这两份条约保障了新媒体内容创作者的作品在全球范围内得到认可和保护，能够鼓励新媒体内容创作者创新和创作。《世界知识产权组织表演和录音制品条约》保障演员和录音制作者的权利，这对新媒体平台上的音乐创作者和视频内容创作者尤为重要。

中国签署的与知识产权相关的国际公约、协定、条约等对新媒体运营有着深远的影响。这些国际公约、协定、条约等有利于保护内容创作者权利，为新媒体内容创作者提供了国际保障。随着技术的发展和国际协作的加深，这些国际公约、协定、条约的适应性和影响力将一直是学术领域和实践领域的关注焦点。

对于新媒体运营而言，内容创作者和平台需要遵守国内的法律法规以及国际认可的知识产权规范，确保内容的原创性和合法性。例如，在制订新媒体营销策略时，避免使用未经授权的音乐、图像或文本等。

四、广告与营销法律法规

（一）《中华人民共和国广告法》

《中华人民共和国广告法》（以下简称《广告法》）是管理广告活动的主要法律，旨在规范广告行为，保护消费者权益和公共利益，促进广告健康发展。《广告法》第二条规定："在中华人民共和国境内，商品经营者或者服务提供者通过一定媒介和形式直接或者间接地介绍自己所推销的商品或者服务的商业广告活动，适用本法。"《广告法》第三条规定"广告应当真实、合法，以健康的表现形式表达广告内容，符合社会主义精神文明建设和弘扬中华民族优秀传统文化的要求"；第四条规定"广告不得含有虚假或者引人误解的内容，不得欺骗、误导消费者。广告主应当对广告内容的真实性负责"。

《广告法》第九条规定：

"广告不得有下列情形：

"（一）使用或者变相使用中华人民共和国的国旗、国歌、国徽，军旗、军歌、军徽；

"（二）使用或者变相使用国家机关、国家机关工作人员的名义或者形象；

　　"（三）使用"国家级"、"最高级"、"最佳"等用语；

　　"（四）损害国家的尊严或者利益，泄露国家秘密；

　　"（五）妨碍社会安定，损害社会公共利益；

　　"（六）危害人身、财产安全，泄露个人隐私；

　　"（七）妨碍社会公共秩序或者违背社会良好风尚；

　　"（八）含有淫秽、色情、赌博、迷信、恐怖、暴力的内容；

　　"（九）含有民族、种族、宗教、性别歧视的内容；

　　"（十）妨碍环境、自然资源或者文化遗产保护；

　　"（十一）法律、行政法规规定禁止的其他情形。"

　　《广告法》对未成年人和残疾人有特别的保护条款："第十条 广告不得损害未成年人和残疾人的身心健康。"广告发布者和广告经营者在发布广告时必须遵守法律法规，对其发布的广告内容负责。《广告法》第十四条规定："广告应当具有可识别性，能够使消费者辨明其为广告。大众传播媒介不得以新闻报道形式变相发布广告。通过大众传播媒介发布的广告应当显著标明'广告'，与其他非广告信息相区别，不得使消费者产生误解。"《广告法》第四十六条规定："发布医疗、药品、医疗器械、农药、兽药和保健食品广告，以及法律、行政法规规定应当进行审查的其他广告，应当在发布前由有关部门（以下称广告审查机关）对广告内容进行审查；未经审查，不得发布。还要求特定类型的广告（如医疗、药品、食品）必须获得相关部门批准后方可发布。"《广告法》第五十三条规定："任何单位或者个人有权向工商行政管理部门和有关部门投诉、举报违反本法的行为。"《广告法》保护消费者免受虚假广告和误导性广告的侵害，并为消费者提供了投诉渠道。

　　广告应具有真实性和合法性。所有通过新媒体渠道发布的广告都必须基于事实，不得有误导消费者的虚假陈述。《广告法》对新媒体运营中内容营销的实践产生了深远影响。在内容营销中，品牌倾向于通过故事讲述、与用户建立情感联系来吸引用户。新媒体运营者在实施这种策略时，要确保内容不违反《广告法》的规定。新媒体环境中的消费者权益保护尤为重要。消费者在网络环境中的隐私权和知情权受到法律的保护。新媒体运营者在进行数据分析、个性化营销和用户行为追踪时，必须严格遵守相关法律规定。

《广告法》第十三条规定："广告不得贬低其他生产经营者的商品或者服务。"《广告法》的这一规定对维护健康的市场竞争环境至关重要。新媒体运营者在制订营销策略时，不仅要考虑优化品牌形象和吸引用户，还要确保所有活动都在法律允许的范围内。

新媒体运营者需要在追求商业利益的同时，考虑运营活动对消费者、社会的影响，使内容创作、用户互动、数据管理、品牌策略实施等都在法律框架内进行。新媒体运营者不仅需要具备法律知识，还需要在遵守法律法规的基础上进行内容创意。在新媒体环境中，合法合规地运营不仅是法律的要求，也是品牌长期发展的关键。

（二）《中华人民共和国反不正当竞争法》

《中华人民共和国反不正当竞争法》（以下简称《反不正当竞争法》）是一部旨在维护市场竞争秩序、保护消费者权益、促进经济健康发展的法律。该法律明确了什么行为被视为不正当竞争行为："本法所称的不正当竞争行为，是指经营者在生产经营活动中，违反本法规定，扰乱市场竞争秩序，损害其他经营者或者消费者的合法权益的行为。"该法律第十七条规定："经营者违反本法规定，给他人造成损害的，应当依法承担民事责任。经营者的合法权益受到不正当竞争行为损害的，可以向人民法院提起诉讼。"这部法律对维护健康、公平的市场环境至关重要，有助于创新和公正竞争，同时保护消费者和企业的合法权益。

在新媒体环境下，信息传播速度快，覆盖面广，这可能使不正当竞争行为的影响被放大。例如，虚假广告和误导性内容在新媒体平台上可以迅速传播，对消费者的误导和对公平竞争环境的破坏比传统媒体更加严重。《反不正当竞争法》第八条规定："经营者不得对其商品的性能、功能、质量、销售状况、用户评价、曾获荣誉等作虚假或者引人误解的商业宣传，欺骗、误导消费者。经营者不得通过组织虚假交易等方式，帮助其他经营者进行虚假或者引人误解的商业宣传。"新媒体运营者需要谨慎、负责任、合法地处理广告内容和营销策略。

《反不正当竞争法》不仅是一部规范市场行为的法律，也是指导新媒体运营行为的重要法律。该法律维护健康的市场环境，促进各种规模的企业在新媒体平台上公平竞争。新媒体运营者需要了解并遵守这部法律，以确保运营活动的合法性、有效性和合道德性。

（三）《中华人民共和国消费者权益保护法》

《中华人民共和国消费者权益保护法》（以下简称《消费者权益保护法》）是为了保护消费者的基本权益而制定的法律，维护市场秩序，确保消费者购买、使用商品或接受服务的合法权益不受侵犯。

《消费者权益保护法》明确了消费者的权利和经营者的义务，规定了国家对消费者合法权益的保护，明确了消费者组织的职责，提出了争议解决途径，明确了经营者和国家机关工作人员的法律责任。《消费者权益保护法》对维护消费者权益、促进市场公平竞争、构建和谐社会具有重要意义。它不仅保障了消费者的基本权益，也促进了经营者的诚信经营和市场的长期健康发展。

在新媒体时代，消费者通过互联网平台获取信息、购买商品或服务的频率远高于传统媒体时代。新媒体运营者须在遵守《消费者权益保护法》的前提下开展运营活动。保证信息的真实性是新媒体运营的首要原则。在新媒体平台上，内容的呈现和推广对消费者的选择有很大影响。新媒体运营者应避免使用夸张或误导性的内容来吸引消费者，而应为消费者提供真实的产品信息；还应监管用户生成内容，防止虚假评论和误导性信息的传播。另外，消费者的隐私保护在新媒体运营中也非常重要。随着大数据和个性化营销的兴起，消费者的个人数据易于被收集和分析。

《消费者权益保护法》第十四条规定："消费者在购买、使用商品和接受服务时，享有人格尊严、民族风俗习惯得到尊重的权利，享有个人信息依法得到保护的权利。"该法律第二十九条规定："经营者收集、使用消费者个人信息，应当遵循合法、正当、必要的原则，明示收集、使用信息的目的、方式和范围，并经消费者同意。经营者收集、使用消费者个人信息，应当公开其收集、使用规则，不得违反法律、法规的规定和双方的约定收集、使用信息。经营者及其工作人员对收集的消费者个人信息必须严格保密，不得泄露、出售或者非法向他人提供。经营者应当采取技术措施和其他必要措施，确保信息安全，防止消费者个人信息泄露、丢失。在发生或者可能发生信息泄露、丢失的情况时，应当立即采取补救措施。"这些规定对新媒体运营者来说既是义务，也是维护用户信任和品牌声誉的关键。新媒体运营者必须确保收集、处理和使用消费者数据的合法性和安全性。在健康的市场环境中，新媒体运营者应该通过为消费者提供高质量的产品和服务、创新营销策略来吸引和留住消费者，而非依靠不正当手段压制竞争对手或误导消费者。

新媒体运营者应当积极学习和遵守《消费者权益保护法》。例如，在产品推广和广告中明确标注商品信息，确保广告内容的真实性和合法性；在处理用户数据时遵循合法、公正的原则；在客户服务中及时响应消费者的疑问和投诉，维护消费者的合法权益。新媒体运营者不仅要遵守法律法规，也要在维护消费者权益的同时，创新运营模式和运营策略，促进企业的健康发展和市场的长期繁荣。

第三节　新媒体运营中的伦理问题

新媒体运营中的伦理问题主要是指在新媒体领域中制订和实施运营策略时面临的伦理问题。例如，必须合法且合道德地处理用户数据，如收集、存储、使用用户信息；确保信息的真实性，避免虚假新闻、误导性内容或未经证实的内容的传播；清晰标识赞助内容和广告，确保用户能够区分非广告内容和广告内容；制定和执行针对仇恨言论、网络欺凌和其他不当言行的规章制度；在使用个性化推荐算法时，确保算法公平性，避免算法不公正现象；在追求商业利益的同时，考虑新媒体运营行为对社会和公共利益的影响。这些伦理问题不仅关乎新媒体运营的合规性，也关系到企业的社会责任和公众对新媒体平台的信任度。新媒体运营者需要在促进内容创新和品牌发展的同时，充分考虑和解决这些伦理问题，从而维护品牌声誉，提高用户信任度。

一、用户隐私伦理

在新媒体运营中，处理用户隐私的伦理问题是一项复杂而微妙的任务。新媒体运营者不仅要遵守现有的法律法规，还要在不断变化的社会环境中思考隐私权的本质和界限。隐私权是一个复杂的概念，涉及个人信息、私人活动和私有领域的保护。《中华人民共和国民法典》第一千零三十二条规定："自然人享有隐私权。任何组织或者个人不得以刺探、侵扰、泄露、公开等方式侵害他人的隐私权。隐私是自然人的私人生活安宁和不愿为他人知晓的私密空间、私密活动、私密信息。"个人信息隐私是隐私权的一个重要方面，涉及个人信息的收集、使用和分发。隐私权还涉及对个人尊严的保护。在数字化时代，由于技术的发展，个人信息很容易被收集和分析，个人信息隐私保护尤为重要。

新媒体运营中的用户隐私问题不仅是法律问题，也是伦理问题。隐私权是一种个体的权利。在新媒体环境下，保护用户隐私权是一项艰巨的任务。例如，用户在社交媒体平台上分享信息，一方面体现了个人表达自由的权利，另一方面可能暴露隐私。在这种情况下，新媒体运营者需要在保护个人隐私和促进信息自由流通之间找到平衡。此外，用户数据的收集和使用是新媒体运营的重要环节。在大数据和算法推荐的背景下，用户数据不仅仅是新媒体运营的基础，也具有商业价值。然而，过度收集或滥用用户数据会侵犯用户的隐私权。新媒体运营者应当在法律法规规定的范围内收集和使用用户数据，仅收集实现特定目的必需的最少数据，并确保这些数据的安全。新媒体运营者应当构建全面的隐私保护伦理框架。这个框架不仅包括对用户数据的保护措施，也包括对用户隐私权的保护。

随着技术的发展和用户习惯的变化，对隐私的定义和用户对隐私的期待也在不断变化。新媒体运营者需要持续关注这些变化，并相应调整隐私保护策略。新媒体运营也面临跨境数据流动的挑战。随着经济全球化的发展，数据跨境流动成为常态。不同国家和地区对隐私保护有不同的法律和规范。这要求新媒体运营者不仅要遵守本国法律法规，还要注意遵守国际规范。

新媒体运营中的用户隐私保护也是一个社会责任问题。隐私保护不仅仅是避免法律风险，更是对用户权利的尊重和对社会责任的承担。新媒体运营者应当承担起保护用户隐私的责任，通过有效的策略和积极的沟通来建立用户信任，在保护隐私和促进业务发展之间找到平衡点。

二、内容真实性与道德责任

在新媒体运营领域，内容真实性与道德责任是一个日益受到关注的议题。在数字化、信息化迅猛发展的时代，维护新媒体内容的真实性不仅仅是法律的要求，也是一种道德责任。

新媒体环境的特点之一是信息的快速流动和易获取性。这一特点在很大程度上促进了知识的传播和信息的爆炸式增长，但也带来了对信息真实性的挑战。在这种环境中，虚假信息、误导性内容等难免出现。新媒体运营者承担着确保新媒体内容真实性的责任。内容的真实性直接关系到公众对新媒体平台的信任。如果新媒体平台上有虚假信息或误导性信息，就会损害平台的声誉，还可能降低公众对整个新媒体行业的信任度。因此，保障新媒体内容真实性不仅是道德责任，也是维护品牌和业务可持续发展的必要条件。

确保内容真实性也是一种社会责任。新媒体平台不仅仅是信息传播的工具，也影响公众的想法和观点。新媒体运营者有责任确保新媒体内容不会误导公众，特别是在内容涉及重大事件时。新媒体运营者应具备社会责任感和伦理道德观念，确保新媒体内容的真实性和公正性。

随着人工智能和机器学习技术的快速发展，新媒体运营面临前所未有的机遇和挑战。人工智能和机器学习技术的应用，使得新媒体内容的生成和分发更加高效，但也可能导致虚假信息的快速扩散。深度伪造技术的出现尤其值得关注，因为深度伪造技术对公众的判断力和公众对新媒体的信任构成了严重威胁。深度伪造技术利用人工智能算法生成逼真的虚假图像、视频和音频。这些内容通常难以被肉眼识别，因为这些内容精确模仿了真人的面部表情、语音和动作。面对这样的技术挑战，新媒体运营者需要采取多种措施来确保内容的真实性和准确性。首先，采取技术手段是关键。随着深度伪造技术的发展，需要开发更高级的技术来检测和识别虚假内容。例如，可利用机器学习算法来识别视频和音频的真伪，使用数字取证技术来追踪内容的来源。其次，新媒体平台需要制订严格的内容审核流程，以防止虚假信息的发布。这不仅要依赖技术工具，还需要人工审核来确保内容的真实性。新媒体运营者可鼓励用户参与新媒体内容审核和反馈。然而，内容审核也面临伦理上的挑战。例如，过度的内容审查可能会影响言论自由，而不足的内容审查则可能导致虚假信息的传播。因此，进行适当的内容审查是新媒体运营的一项重要任务。再次，新媒体运营者应当加强与其他组织的合作，如新闻机构、事实核查组织和其他媒体平台，共同努力识别和打击虚假信息。最后，法律法规也是应对内容真实性挑战的关键。新媒体运营者在遵守法律法规的同时，也可以用法律法规来打击虚假信息，以确保信息的真实性，使用户的利益得到保障。

新媒体运营中的内容真实性问题也涉及教育和宣传。新媒体运营者可以通过教育、公共宣传等，提高用户对信息真实性的意识和辨识能力。这不仅有助于营造健康、可靠的信息环境，也有助于加强整个社会对信息真实性的重视。

三、广告伦理

在新媒体运营领域，广告伦理涉及广告内容的真实性、透明性以及对消费者的尊重。随着数字技术和社交媒体的发展，广告的形式和策略不断发展，这对广告伦理提出了新的挑战。在新媒体环境下，广告的真实性尤为关键，直接关系到消费者的决策和消费者对媒体平台的信任度。确保广告内容的真实性不仅是遵守法律法规的必要条件，也是对消费者权益的保障、对社会责任的承担。首先，确保广告内容真实性的首要前提是对产品或服务做出真实、准确的描述。这意味着广告对产品或服务的特性、价格和效果等的描述必须是真实、清晰且无误导性的。例如，在推销健康产品或美容产品时，避免夸大产品效果，明确告知消费者产品可能的风险和副作用。为消费者提供真实的产品或服务信息，不仅能帮助消费者做出明智的决策，也有助于提升品牌的信誉和可靠性。其次，广告内容的展示也应清晰和明确。新媒体运营者有责任确保广告以易于识别的方式呈现，例如，通过明确的标签或视觉提示来区分广告内容和非广告内容。最后，广告的真实性还涉及对文化多样性的尊重。广告内容应具有包容性，尊重多元文化。这不仅体现了对消费者的尊重，也体现了品牌的社会责任感。广告经营者在使用新技术（如增强现实、虚拟现实等）进行广告创意时，需要确保广告内容的真实性和合理性，避免利用技术手段误导消费者。

广告的透明性也至关重要。新媒体平台应明确标识广告内容，使用户能够轻松识别何为广告、何为非广告内容。例如，影响者或博主在新媒体平台上进行产品推销时，需要清晰地标明"广告"。标明"广告"不仅是法律的要求，也是对消费者的尊重、对公平竞争环境的维护。

新媒体运营者制订基于用户数据的广告定位策略时，需要谨慎对待用户数据，尤其在涉及个人隐私的情况下。新媒体运营者在利用用户数据进行精准广告投放时，必须遵守相关的隐私保护法律法规，保护用户隐私。

随着技术的不断发展，广告伦理也不断发展。例如，随着虚拟现实和增强现实技术的出现，广告的互动性和沉浸感增强。在此背景下，广告伦理问题可能更为复杂。新媒体运营者需要在广告创新和遵守伦理道德规范之间找到平衡；需要在追求商业利益的同时，确保广告的真实性、透明性，尊重消费者的权利和隐私。

四、社交媒体伦理

社交媒体伦理是指在社交媒体平台上进行互动、内容创作和分享时应遵守的道德规范及行为准则。社交媒体伦理涉及用户行为、内容管理、隐私保护、言论自由等多个方面。

社交媒体为人们提供了信息交流的平台。大量信息通过社交媒体迅速传播，影响着公众的观点和态度。社交媒体运营者应在为用户提供开放、自由的讨论环境的同时，避免平台被用于传播虚假、偏颇的信息。社交媒体平台不仅要严格审核内容，还要尊重不同文化。另外，社交媒体对集体记忆的形成也有重要作用。在信息时代，社交媒体成为记录和传播重大事件信息的重要渠道。确保信息的准确性和真实性，也是社交媒体运营者需要承担的责任。

信息权力结构在社交媒体伦理中占据重要位置。社交媒体平台通过算法和内容管理策略控制信息流。这种权力的使用直接关系到信息的公平性、多元性以及用户的权益。第一，社交媒体平台的算法决定用户看到哪些信息，通常基于用户的行为和偏好来优化内容推送，旨在提高用户参与度，增加用户停留时间。然而，这可能导致"回声室效应"，即用户主要接触到与其现有观点一致的信息。社交媒体平台需要审视和调整算法，确保不同信息都得到展现，减小信息过滤泡沫的影响。第二，社交媒体平台内容管理策略的制订和实施也体现了如今的信息权力结构。内容管理包括对什么样的内容进行屏蔽、删除或标记等。社交媒体运营者在内容管理方面需要仔细考虑，既尊重言论自由，又要防止虚假信息和有害内容的传播。这对维护用户信任和社交媒体的健康生态至关重要。公众对社交媒体平台的信息权力和内容管理策略应有一定程度的了解和监督权。社交媒体平台需要在保护商业秘密和技术细节的同时，让公众和监管机构能够了解、评估平台内容管理和算法决策的影响。社交媒体平台的信息权力涉及算法设计、内容管理策略、信息多元性和公平性等多个方面。在社交媒体领域，平台不仅需要注重技术和商业利益，还需要承担社会责任，遵守伦理规范，确保信息权力的合理、负责任使用。

随着技术的不断发展，社交媒体伦理面临新的挑战。例如，人工智能和机器学习在内容分发中的应用，对确保算法公正提出了挑战。同时，新兴的社交媒体形式（如虚拟现实社交平台）使用户互动、隐私和虚拟身份的新伦理问题产生。

总之，社交媒体伦理是一个复杂的概念，涉及个体心理、信息权力以及文化多元性等多个方面。社交媒体运营者不仅要关注日常的内容管理和用户行为规范，还要明确社交媒体在当代社会中的角色和责任，了解社交媒体如何影响世界。

第七章　新媒体运营的未来展望

技术的进步、用户行为的变化以及市场环境的发展都会对新媒体运营产生深远影响。对新媒体运营者而言，关注技术、用户行为和市场，与时俱进，适应市场变化，并利用新技术和新运营策略，将是未来成功的关键。同时，应对挑战和把握机遇将成为推动新媒体行业发展的重要因素。

第一节 技术创新与发展

一、人工智能与机器学习

人工智能（AI）和机器学习在新媒体运营中的应用日益增多，改变了内容创作、内容推荐和用户互动的方式。利用自然语言处理和生成式对抗网络，人工智能能够创作出高质量的文本、图像甚至视频内容，这对媒体公司来说尤为重要。此外，个性化推荐算法使媒体平台能够根据用户的历史行为和偏好，为用户提供定制化的内容，从而提高用户黏性和参与度。

ChatGPT 及其他 AI 生成内容工具的崛起对新媒体运营将产生深远的影响。这些工具通过先进的机器学习和人工智能算法，能够自动生成高质量的文本内容，能在多个方面改变媒体行业的运作方式。AI 生成内容工具能显著提高内容生产效率，扩大内容生产规模。例如，博客作者和其他内容创作者可以利用这些工具生成初稿或寻找写作灵感，减少创作的时间和劳动成本。AI 生成内容工具还具有强大的多语言处理能力，这使得媒体内容可以被迅速翻译成多种语言，扩大媒体内容的覆盖范围。这意味着小型媒体机构或独立内容创作者可以更容易地触及不同文化背景下的受众。此外，AI生成内容工具在数据分析方面的应用也不容忽视。通过分析用户数据和行为，这些工具可以帮助媒体公司制订更加个性化的内容推荐策略，提升用户体验和用户参与度。AI生成内容工具还能辅助创意的生成，为广告经营者、销售人员和内容创作者提供创意灵感。通过分析市场趋势和现有媒体内容，这些工具可以帮助创意团队生成新的想法，加快创意。

尽管AI生成内容工具给新媒体运营带来了许多好处，但这些工具的应用对新媒体内容的准确性和真实性提出挑战。AI生成的内容可能存在误导性信息，特别是在没有适当人工审核的情况下。此外，这些工具的使用也可能引发创意版权和内容原创性的问题，尤其是在内容高度自动化生成的情况下。新媒体运营者需要在充分利用这些工具的同时，认真考虑和应对这些工具带来的挑战。

二、增强现实与虚拟现实

增强现实和虚拟现实技术在新媒体运营中的应用前景广阔。随着虚拟现实技术的成熟，将出现更多的沉浸式新闻报道。观众可以通过虚拟现实头盔直接"进入"新闻现场，获得更真实的体验。这种形式的新闻报道将使新闻更具吸引力，能提高观众的参与度，增加观众的情感投入。品牌和广告商将更多地利用增强现实和虚拟现实技术来创新营销策略，比如，利用增强现实技术在消费者的现实世界中增加互动元素，或者利用虚拟现实技术为消费者提供沉浸式的体验，更有效地吸引消费者的注意力。随着技术的发展，社交媒体平台可能会增加增强现实和虚拟现实元素，允许用户在虚拟环境中以更加真实的方式互动。例如，用户可以在虚拟空间中举办会议、参加活动或进行社交。随着虚拟现实技术的发展，预计会出现更多的虚拟旅游项目。用户可以在家中利用虚拟现实设备访问遥远的地方或历史场景，进行全新的探索和旅游。电子商务平台可能会利用增强现实技术来使用户在购买之前"试用"产品。例如，通过增强现实技术，消费者可以在自己的家中看到家具或服装的虚拟展示，从而做出更明智的购买决策。在艺术和娱乐领域，增强现实和虚拟现实技术将使创作者能够以全新的方式表达自己的创意，观众可以看到前所未有的沉浸式艺术作品，获得沉浸式娱乐体验。

总体来说，增强现实和虚拟现实技术将在新媒体运营中扮演越来越重要的角色，创造出新的商业机会，给用户带来更丰富的体验。随着这些技术的不断发展和技术成本的降低，这些技术将在各个行业中得到更广泛的应用。

三、区块链技术

区块链技术在新媒体运营中的应用是多方面的，尤其在内容版权保护和用户信任度提升等方面具有很大潜力。区块链的核心特性之一是数据不可更改性。信息一旦被记录在区块链上，就无法被修改或删除。这对版权保护尤为重要，因为区块链可以为原创内容提供一个不可争议的时间戳和所有权证明。通过使用智能合约，版权所有者可以自动化版权管理。例如，每当内容被使用时，智能合约可以自动跟踪内容使用情况并确保版权费用的分配。这不仅能提高版权管理效率，也能减小侵权的可能性。区块链可以为内容分发提供很好的平台。通过区块链，内容创作者可以追踪内容从创作到最终使用的完整路径，提高内容分发过程的透明度。在新闻行业中，区块链可以用来验证新闻来源和内容的真实性，有助于减少假新闻和误导性信息的传播。新闻媒体通过在区块链上存储新闻报道的来源和编辑记录信息，可以为公众提供可信的信息。在数字化时代，区块链能确保内容的原创性和真实性，有助于提高用户对媒体平台的信任度。

一些区块链系统（尤其是采用工作量证明机制的）需要大量的计算资源和能源消耗，这在环保和成本效益方面引发了关注。区块链技术相对复杂，非技术人员可能难以理解和接受。此外，尽管区块链的应用潜力很大，但目前区块链在新媒体领域的应用还不普遍。

总的来说，区块链技术在新媒体运营中具有很大的应用潜力，尤其在版权保护、提高内容分发透明度和提高用户信任度方面。然而，要充分发挥区块链技术的潜力，还需要解决技术复杂性、能源消耗等问题。随着区块链技术的发展，预计区块链将在新媒体行业中扮演越来越重要的角色。

第二节　新媒体平台发展趋势

一、新媒体平台多样化

随着技术的进步和用户需求的变化，新媒体平台快速多样化。从最初的几大主流平台，如微信、微博和抖音，到针对特定兴趣群体的平台，如B站、西瓜视频，再到新兴的平台，新媒体平台的种类越来越多。这些平台不仅在形式和功能上有所不同，在吸引用户和服务用户方面也各有侧重。新媒体平台多样化的驱动因素主要有用户需求的分化、技术创新以及市场竞争等。随着新媒体用户群体的扩大，不同年龄、兴趣和地理位置的用户对新媒体平台的需求日益多元化。年轻用户可能更倾向于选择便捷、互动性强的新媒体平台。专业人士可能更青睐商业和网络建设导向的新媒体平台。技术的不断发展，如人工智能、机器学习和增强现实技术等的发展，为新媒体平台提供了创新的可能，促使更多具有独特功能的新媒体平台出现。为了在竞争激烈的市场中脱颖而出，新媒体公司必须不断创新，满足用户的特定需求。这使更多针对细分市场的新媒体平台诞生。新媒体平台多样化对新媒体运营产生了较大的影响。新媒体运营者可以根据平台的特性和用户群体的特点，精准地定位目标市场，制订有针对性的营销策略。

二、新媒体平台内容的发展

在新媒体运营领域，内容呈现形式不断发展。视频内容（尤其是短视频）、互动内容和直播的流行，标志着新媒体内容生产方式和消费方式的根本变化。

近年来，视频内容，特别是短视频，已成为新媒体中很受欢迎的内容之一。在信息过载的时代，新媒体用户的信息消费时间碎片化。短视频具有简洁、直观和易于理解的特性，正好符合新媒体用户快速消费信息的需求。智能手机和移动网络技术的发展使得制作和分享视频变得更加容易。高质量的摄像头和编辑工具的普及，使得普通用户也能制作出引人注目的视频。许多新媒体平台的算法优先推荐视频内容，特别是短视频，因为短视频能够更有效地吸引用户注意力并增加用户在平台上的停留时间。互动内容和直播也在新媒体中变得越来越流行。互动内容和直播能够实时吸引用户参与，为用户提供个性化、参与性强的体验。这种实时互动对增强用户黏性、促进在线社区建设具有重要价值。互动内容和直播使新的商业模式产生，如通过直播销售产品或服务、观众打赏等。这些商业模式为内容创作者和品牌提供了新的收入来源。互动内容和直播为新媒体运营者提供了多样化的内容表现形式，如在线讲座、虚拟活动、互动式新闻报道等。

视频内容、互动内容和直播的增加对新媒体运营产生了重要影响。新媒体运营者需要与时俱进，及时调整内容策略，以适应用户对视频和互动内容的偏好。这意味着新媒体运营者需要在视频制作方面投入更多资源，开发互动性、参与性更强的内容表现形式。视频和直播为品牌提供了新的营销渠道。通过视频和直播，品牌可以以更加直观和互动的方式与目标受众建立联系。

新媒体运营中的视频内容、互动内容和直播将继续发展。随着增强现实和虚拟现实技术的成熟，预计将会看到这些技术与视频内容和直播的结合。这种整合将给用户带来更加沉浸和互动的体验，给用户带来新的内容消费方式。利用人工智能和机器学习技术，新媒体平台能够为用户提供更加个性化、定制化的视频内容和直播。这意味着新媒体内容将更加贴合每个用户的独特兴趣和偏好。视频内容、直播将越来越多地整合在线社区和社交功能，如实时评论、共享和群组互动等。这将进一步增强用户的参与感和在线社区归属感。未来的视频内容和直播可能会更加注重交互性，结合文本、音频、视频和其他多媒体元素，给用户带来更加丰富的体验。随着内容表现形式更加多元，新媒体运营者需要掌握更加精细的内容分析方法，以准确评估内容的表现和用户参与度。

总之，视频、互动内容和直播的流行是新媒体运营的重要发展趋势。这些内容表现形式不仅反映了技术进步和用户需求的变化，也为新媒体运营提供了新的发展机遇，对新媒体运营的策略和方法提出了挑战。为了在竞争激烈的新媒体环境中保持优势，新媒体运营者需要不断创新，适应新的市场环境，以满足用户的不断变化的需求，并充分利用新技术带来的发展机遇。

第三节　用户行为与市场变化

用户隐私意识的增强、用户对个性化与定制化内容需求的增长、在线社区建设和用户参与度提升等，对新媒体运营产生了重要影响。

随着数字技术的发展，用户对个人数据保护和隐私权的关注程度越来越高。这在新媒体领域体现得尤为明显，因为用户在使用社交媒体、搜索引擎等工具时，常常需要提供一些个人信息。用户隐私意识的增强促使新媒体运营者必须更加重视数据保护的法律和伦理问题，确保用户数据安全和隐私安全。这不仅是遵守法律法规，也是建立和维护用户信任的关键。

用户对个性化和定制化内容的需求不断增长。随着人工智能和数据分析技术的发展，新媒体运营者现在有能力根据用户的历史行为、偏好和兴趣来定制内容。这种个性化内容策略可以增强内容的相关性和吸引力，进而提高用户的参与度和忠诚度。然而，这种策略必须与对用户隐私的保护相平衡。新媒体运营者需要在提供个性化内容和保护用户隐私之间找到平衡点。

构建在线社区和提高用户参与度已成为新媒体运营的重点。在线社区不仅是用户互动的平台，也是提高用户对品牌的忠诚度和用户黏性的关键。新媒体运营者通过激励用户参与讨论、分享内容和互动，可以增强在线社区的活力和吸引力。在这个过程中，新媒体运营者需要注意维护在线社区的健康和积极氛围，防止负面内容和不良行为出现。

考虑到新媒体的上述发展趋势，新媒体运营者需要采用综合的运营策略。首先，对用户隐私的保护应该被视为新媒体运营的基础。新媒体运营者需要遵守相关的法律法规，向用户明确他们的数据如何被收集、使用和保护。其次，在为用户提供个性化内容时，新媒体运营者应该采用负责任的方式，例如，为用户提供对他们数据使用的控制权，清晰地解释数据如何助力提升用户体验。最后，在建设在线社区和提高用户参与度方面，新媒体运营者应当鼓励用户进行正面的、建设性的互动，同时制定明确的准则来维护在线社区的健康环境。

第四节　新媒体运营者面临的挑战与机遇

一、挑战

如今，新媒体运营者面临新的挑战。这些挑战主要源于技术的快速发展、内容过载、用户注意力竞争以及遵守数据隐私和安全的相关法律法规。

新媒体运营者面临的首要挑战是适应技术的不断发展，例如，应用新的社交媒体平台、内容分发渠道、数据分析工具、人工智能和机器学习技术等。为了保持竞争力，新媒体运营者需要持续学习，适应技术发展。新媒体运营者不仅要掌握新工具和平台的使用方法，还要了解新技术背后的机制（如算法的运作方式）以及新技术如何影响内容的可见性和用户参与度。

新媒体运营者要应对内容过载与用户注意力竞争。在数字信息爆炸的时代，用户被海量的内容包围。这使得吸引和保持用户注意力变得越来越困难。为了成功应对这一挑战，新媒体运营者需要开发更有创意、更具吸引力、更有价值的内容。新媒体内容不仅要有高质量，还要能让目标受众产生共鸣，符合受众的兴趣，满足受众的需求。此外，新媒体运营者还需要优化内容分发策略，确保内容在正确的时间通过正确的渠道分发给目标受众。

新媒体运营者要遵守数据隐私与安全的相关法律法规。新媒体运营者必须保护用户数据安全，还要确保数据的收集、存储和使用过程合法。

为此，新媒体运营者需要制定严格的数据管理制度，并确保团队成员都了解并严格执行这项制度。

总之，新媒体运营者面临的挑战是多方面的。面对这些挑战，新媒体运营者需要不断学习和创新，制订有效的内容策略，制定数据管理制度，保护用户的隐私和数据安全，从而在竞争激烈的环境中保持优势。

二、机遇

了解新技术的应用，实现目标市场的精准定位，创新内容表现形式，是当前新媒体运营的关键。

在新媒体运营中，利用人工智能、增强现实和虚拟现实技术等，给用户带来独特的体验，是一种重要的趋势。这些技术为新媒体运营提供了前所未有的机遇。人工智能在新媒体运营中的应用极为广泛。例如，人工智能可用于内容推荐、用户行为分析、自动化内容创作等。新媒体平台应用人工智能技术，可以提高内容的相关性和个性化程度，从而有效地吸引用户。增强现实和虚拟现实技术在新媒体运营中的应用，能给用户带来沉浸式体验。例如，新媒体运营者可以利用虚拟现实技术创建虚拟事件或展览，或者利用增强现实技术在现实世界增添虚拟元素，给用户带来新奇的互动体验。将人工智能技术与心理学、行为科学结合，可开发能够理解和响应用户情感状态的智能系统。这种智能系统可以给用户带来更加个性化和富有同理心的体验。利用 360° 视频、3D 音频和触觉反馈技术，可以让用户仿佛身临其境，增强新媒体内容的吸引力和影响力。

数据分析技术的进步使得新媒体运营者能够精准地定位目标市场。通过分析用户数据，新媒体运营者可以深入了解用户的兴趣、行为模式和偏好，从而实现精准营销和个性化内容推送。通过收集和分析用户数据，新媒体运营者可以绘制详细的用户画像。用户画像包括用户的年龄、性别、兴趣爱好、消费习惯等信息。这些信息对制订有针对性的营销策略至关重要。基于用户画像，新媒体运营者可以设计符合用户兴趣、需求的内容和营销活动，提高用户参与度和转化率。通过数据分析，新媒体运营者可以识别和定位细分的市场群体。这种微观市场定位可以帮助新媒体运营者在小众市场中发现潜在的商机。

在信息过载的时代，新的内容表现形式对吸引和保持用户的注意力至关重要。新媒体运营者需要不断探索和试验不同的内容表现形式，以提高用户的参与度和满意度。增强内容的交互性是吸引用户注意力的有效方式之一。例如，在线投票、互动式问答、实时直播互动等，可以增强用户的参与感和沉浸感。在内容创作中采用一些故事叙述技巧，如多线叙事、交互式叙事等，可以提高内容的吸引力和用户的参与度。

总之，新媒体运营者应了解和应用新技术，对用户数据进行负责任的管理，并不断创新内容策略，以满足用户的不断变化的需求，在市场中获得优势。

参 考 文 献

[1] 丁冬. 新媒体运营 [M]. 北京：航空工业出版社，2021.

[2] 向登付. 新媒体运营与营销实操手册 [M]. 北京：中国商业出版社，2020.

[3] 吴永凯，彭小菲，欧阳妮娜. 新媒体运营从入门到精通 [M]. 北京：中华工商联合出版社，2021.

[4] 吴臻，俞雅琴. 新媒体运营 [M]. 武汉：武汉理工大学出版社，2019.

[5] 张浩淼，乐金生，张宏宇. 新媒体运营实务 [M]. 北京：中国人民大学出版社，2021.

[6] 周荣庭. 运营科普新媒体 [M]. 北京：中国科学技术出版社，2020.

[7] 张兵. 新媒体运营手册 [M]. 北京：中国铁道出版社，2018.

[8] 李东临. 新媒体运营 [M]. 天津：天津科学技术出版社，2018.

[9] 李俊，魏炜，马晓艳. 新媒体运营 [M]. 北京：人民邮电出版社，2020.

[10] 李军. 制胜：新媒体运营与推广 [M]. 北京：清华大学出版社，2021.

[11] 李平. 新媒体运营 [M]. 北京：中国人民大学出版社，2021.

[12] 李红岩，郑明秋，陈继莹. 新媒体运营 [M]. 上海：同济大学出版社，2020.

[13] 龙飞. 新媒体运营一册通 [M]. 北京：电子工业出版社，2020.

[14] 刘矍琼.现代新媒体运营与传播策略[M].北京：中国商业出版社，2021.

[15] 刘琛，黎夏克.新媒体运营[M].北京：电子工业出版社，2020.

[16] 刘珊.大数据与新媒体运营[M].北京：中国传媒大学出版社，2017.

[17] 林波.新媒体营销与运营[M].2版.北京：中国人民大学出版社，2023.

[18] 祁较瘦.新媒体运营实战[M].北京：人民邮电出版社，2020.

[19] 苏华.新媒体运营：电商人从零开始学运营[M].北京：中国商业出版社，2021.

[20] 肖凭.新媒体运营[M].北京：中国人民大学出版社，2020.

[21] 谭前进，郭城.新媒体运营的理论与实操[M].南京：东南大学出版社，2018.

[22] 谭贤.新媒体运营实战从入门到精通[M].北京：中国铁道出版社，2019.

[23] 许文君.新媒体运营与推广方法研究[M].上海：上海远东出版社，2021.

[24] 陆剑，谭岳霖，达珍.新媒体运营[M].哈尔滨：哈尔滨工程大学出版社，2021.

[25] 高功步.新媒体运营与推广[M].北京：人民邮电出版社，2021.

[26] 新榜.滑屏时代：新媒体运营精进手册[M].北京：台海出版社，2020.

[27] 詹新惠.网络与新媒体编辑运营实务[M].北京：中国传媒大学出版社，2019.

[28] 舍基.认知盈余：自由时间的力量[M].胡泳，哈丽丝，译.北京：

中国人民大学出版社，2012.

[29] 豪.众包：群体力量驱动商业未来 [M]. 牛文静，译.北京：中信
出版社，2011.

[30] 舍基.未来是湿的：无组织的组织力量 [M]. 胡泳，沈满琳，译.北
京：中国人民大学出版社，2009.

[31] 特劳特，瑞维金.新定位："定位"理论的刷新之作 [M]. 李正栓，
贾纪芳，译.北京：中国财政经济出版社，2002.

[32] 施拉姆，波特.传播学概论 [M]. 何道宽，译.2 版.北京：中国人
民大学出版社，2010.

[33] 丁柏铨.媒介融合：概念、动因及利弊 [J]. 南京社会科学，2011
（11）：92–99.

[34] 施蕾蕾.互联网平台内容运营中编辑职能探析 [J]. 中国编辑，2021
（3）：66–70.

[35] 张文宏.社会资本：理论争辩与经验研究 [J]. 社会学研究，2003
（4）：23–35.

[36] 曲振涛，周正，周方召.网络外部性下的电子商务平台竞争与规制：
基于双边市场理论的研究 [J]. 中国工业经济，2010（4）：120–
129.

[37] 严晓青.媒介社会责任研究：现状、困境与展望 [J]. 当代传播，
2010（2）：38–41.

[38] 索煜祺.算法传播中平台网络编辑的现状、困境与进路 [J]. 中国
编辑，2021（12）：76–80.

[39] 谭天.如何认识和做好自媒体 [J]. 青年记者，2018（18）：9–10.

[40] 刘庆振."互联网 +"新技术经济范式下的企业营销思维变革 [J].
学术交流，2017（1）：123–127.